Diario de Grandes Felinos: Leopardos

Traducción:
ABDIEL MACÍAS

Jonathan Scott • Angela Scott

DIARIO DE GRANDES FELINOS: LEOPARDOS

FONDO DE CULTURA ECONÓMICA

MÉXICO

Primera edición en inglés,   2003
Primera edición en español, 2006

Scott, Jonathan y Angela Scott
    Diario de grandes felinos: leopardos / Jonathan Scott, Angela Scott ;
trad. de Abdiel Macías — México : FCE, 2006
    135 p. : ilus. ; 28 × 22 cm — (Colec. Sección de Obras de Ciencia y
Tecnología)
    Título original Big Cat Diary: Leopard
    ISBN 968-16-8033-2
    1. Leopardos — Kenia 2. Felinos I. Scott, Angela, coaut. II. Macías,
Abdiel, tr. III. Ser. IV. t.

LC   QL737 .C23   Dewey   599.774 28 S744d

Distribución mundial en lengua española

Diseño de portada: *Laura Esponda*

 Empresa certificada ISO 9001: 2000

Conozca nuestro catálogo en
http://www.fondodeculturaeconomica.com

Agradecemos sus comentarios y sugerencias al correo electrónico
laciencia@fondodeculturaeconomica.com

Título original:
Big Cat Diary: Leopard
publicado originalmente en inglés por HarperCollins Publishers Ltd.
© 2003 Jonathan and Angela Scott
traducido por licencia de HarperCollins Publishers Ltd.

D.R. ©, 2006, Fondo de Cultura Económica
Carretera Picacho Ajusco 227, 14200 México, D. F.

ISBN 968-16-8033-2   3 1223 07377 0290

Impreso en México • *Printed in Mexico*

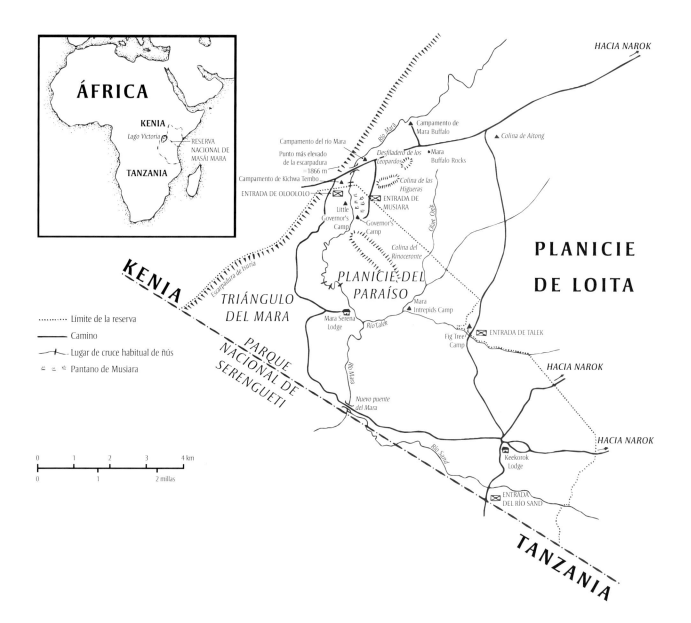

ÁFRICA

KENIA

Lago Victoria

RESERVA
NACIONAL DE
MASÁI MARA

TANZANIA

HACIA NAROK

Campamento del río Mara

Campamento de
Mara Buffalo

Colina de Aitong

Río Mara

Punto más elevado
de la escarpadura
= 1866 m

Desfiladero de los
Leopardos

Mara
Buffalo Rocks

Campamento de Kichwa Tembo

Colina de las
Higueras

ENTRADA DE OLOOLOLO

ENTRADA DE
MUSIARA

Little
Governor's
Camp

Governor's
Camp

Olare Orok

PLANICIE

DE LOITA

Escarpadura de Isuria

Colina del
Rinoceronte

PLANICIE DEL
PARAÍSO

TRIÁNGULO
DEL MARA

Mara
Intrepids Camp

Mara Serena
Lodge

Río Talek

KENIA

Fig Tree
Camp

ENTRADA DE TALEK

PARQUE
NACIONAL DE
SERENGUETI

Río Mara

HACIA NAROK

.... Límite de la reserva

———— Camino

Lugar de cruce habitual de ñús

Pantano de Musiara

Nuevo puente
del Mara

HACIA NAROK

Río Sand

Keekorok
Lodge

| 0 | 1 | 2 | 3 | 4 km |

| 0 | 1 | 2 millas |

ENTRADA
DEL RÍO SAND

TANZANIA

Índice

Introducción

Los halcones para la luz del día; los búhos para la penumbra; pero para la noche, los felinos, los felinos salvajes.

Doris Lessing, *On Cats*
[Sobre los felinos]

Los mejores momentos para buscar a los depredadores son el alba y el crepúsculo. El Mara es un sitio ideal para observar a los grandes felinos debido al terreno abierto y ondulante.

Cuando nos encargaron por primera vez *Diario de grandes felinos* en 1996, pensamos que se trataría de una serie individual que se realizaría una sola vez. Seguramente, pensamos, un seguimiento que presentara de nuevo a los leones, leopardos y guepardos del Masái Mara de Kenia resultaría repetitivo. Podíamos escuchar a la gente quejándose: "¡Oh, no!, otra excursión para observar leones cazando u otra vez ñus cruzando el río". Pero estábamos equivocados. La respuesta a la primera serie fue tan positiva que en septiembre de 1998 volvimos al Mara para filmar una segunda.

El desafío era hacer que se viera diferente. Teníamos que seguir concentrando la mayor parte de nuestro esfuerzo en encontrar y filmar a los tres grandes felinos, pero debíamos incluir material sobre los demás personajes del Mara: las hienas manchadas, los chacales y los elefantes, por ejemplo. Sabíamos que la gente sentía una fuerte identificación con los felinos individuales, así que quisimos ofrecer tanta continuidad como fuera posible. Al volver al área del pantano de Musiara, en el norte del Mara, teníamos la seguridad de que podríamos encontrar a los felinos que habíamos filmado para la serie anterior. Como en la primera serie, nuestro colega presentador Simon King siguió a los guepardos, yo a los leopardos, y ambos cubrimos a los leones.

Como Angie y yo vivimos en Kenia y pasamos largas temporadas en safaris como fotógrafos de la vida salvaje en la zona que rodea al pantano de Musiara, estamos en la posición ideal para ayudar a seguir la pista de nuestras "estrellas" animales entre las series, confiando mucho en la cooperación de nuestros amigos: los conductores y guías en los diversos campamentos y alojamientos. Los conductores de Governor's Camp (que se sitúa en el área de

Una leona otea la extensión del pantano de Musiara, el centro del territorio de la Manada del Pantano en la temporada seca.

Media Cola y Zawadi cuando ésta tenía nueve meses; caminan por la Colina de las Higueras temprano una mañana, buscando dónde recostarse durante el día.

Musiara) llevan un registro diario de caza, donde señalan qué leones, leopardos y guepardos han visto, qué han cazado éstos y otros detalles interesantes. En el curso de los años han dado nombres a características geográficas clave, creando un "mapa" no oficial que cualquiera que conozca el área entiende, haciéndola así relativamente sencilla para los vehículos de los guías que buscan observar leones o un leopardo. Cada vez que visitamos el Mara nos encontramos con los conductores, revisamos su registro de observaciones y tomamos nota de todas las novedades. Mi asociación con los grandes felinos del Mara se remonta a más de 25 años, a la época en que Brian Jackman y yo escribimos el libro titulado *The Marsh Lions* [Los Leones del Pantano], donde detallamos la vida de una manada cuyo territorio se centra en el pantano de Musiara y del cual Angie y yo hemos mantenido un registro desde entonces.

Cuando se ve una manada de leones recostada a la sombra de una acacia, una masa amorfa de pieles leonadas en amigable unión, parece imposible distinguir entre uno y otro animal. Con el tiempo Angie y yo aprendimos a reconocer a cada felino como un individuo diferenciado por su carácter único y su presencia física. Pero a fin de estar absolutamente seguros de quién es quién, nos atuvimos al ordenamiento de los folículos de sus bigotes, que permanece constante durante toda su vida. Pese a que conocemos a cada león por su nombre —Muesca, Cicatriz, Melena Marrón y Khali—, en general evitamos utilizar estos nombres en *Diario de grandes felinos*. Para el público un león se parece a cualquier otro —y a veces también para nosotros—, así que nombrarlos sólo conduciría a una confusión mayor. En cambio, nos concentramos en la historia de la manada, y a este respecto los leones de la Manada del Pantano han ofrecido un sentido de continuidad, al desempeñar un papel protagonista en cada una de las cuatro series realizadas hasta la fecha.

Al público le ha resultado más fácil identificar a los felinos moteados, en especial a los leopardos. Media Cola, nuestra favorita hasta el presente, se convirtió en una "estrella" instantánea de la primera serie, y su cola corta y regordeta se agregaba a su personaje. Los leopardos normalmente son tímidos y retraídos, y pasan casi todo el tiempo ocultos a la vista, así que trabajar con Media Cola era un verdadero gozo, en marcado contraste con mis primeros años en el Mara, cuando era prácticamente imposible ver un leopardo. Mientras viviera Media Cola podíamos tener la certeza de encontrarla en algún lugar de los parajes de acacias que rodean el Desfiladero de los Leopardos y la Colina de las Higueras, al noreste del pantano. Durante la primera serie, Media Cola estaba acompañada de una cachorra de siete meses a la que los conductores llamaban Zawadi, que significa "Regalo" en swahili (el público de televisión la conoce como Sombra, aunque yo siempre pienso en ella como Zawadi). El hecho de que una leopardo hembra estuviera con una joven cachorra aseguraba que tendríamos mucha actividad de filmación, y como eran los únicos leopardos que presentamos nunca había duda en cuanto a quiénes eran.

En 1996, Simon tenía dos guepardos hembras con quienes trabajar, cada cual con sus cachorros. Él había llamado a las adultas Fundi (la Especialista) y Kidogo (la Pequeña). Dos años después fue más fácil narrar la historia de los guepardos. Durante muchos años los conductores y guías de safari habían seguido la pista de una hembra a la que llamaban Reina, debido a su majestuoso porte. Reina no tenía cachorros cuando filmamos la primera serie, pero debe de haber parido unos meses después porque, cuando regresamos, estaba en compañía de tres grandes cachorros. Simon prefería el nombre de Ámbar al de Reina, para dar testimonio de sus hermosos ojos ambarinos. Si bien cada guepardo tiene un patrón único de manchas, no había ninguna posibilidad de confundir a Ámbar. Era tan relajada en torno a los vehículos que a menudo brincaba sobre la cubierta del motor. Y no es que se comportara como una juguetona mascota, sencillamente trataba a los vehículos como un montículo de termitas más, un sitio elevado para otear los alrededores. Los cachorros de Ámbar pronto aprendieron a ser muy intrépidos respecto de los vehículos, si bien preferían saltar a los neumáticos de repuesto de la parte trasera de los automóviles y luego brincar al techo, para deleite de los visitantes, quienes podían tener una visión de cerca única de estas hermosas criaturas.

Cuando la filmación de la segunda serie llegó a su fin, nos encontramos de nuevo preguntándonos si habría otra. Ello nos hizo evocar la época en que Brian Jackman y yo trabajamos en *The Marsh Lions* y la gente nos preguntaba por qué escribir otro libro sobre leones. Era seguro que el memorable relato de Joy Adamson, *Born Free* [Nacida libre], que narra la historia de la leona Elsa en los parajes de Kenia, había dicho todo lo que podía decirse.

Y, de no ser así, ¿no estaba ya el tratado de George Schaller, *The Serengeti Lion* [El león del Serengueti], para cualquiera que buscara un texto más científico? Los grandes felinos tienen un atractivo universal que pasa de una generación a otra, y creo que no hay mejor lugar para filmarlos que el Masái Mara. No sólo hay leones, leopardos y guepardos extremadamente habituados a los vehículos, lo que permite acercárseles con facilidad, sino que la mezcla

Cada guepardo puede ser identificado por los anillos y manchas en su cola y por las marcas individuales de su pelaje. Ámbar también tenía un corte distintivo en la punta de su oreja derecha.

de planicies cubiertas de hierba y bosques de acacias ofrece una excelente visibilidad para encontrarlos.

Una cosa es cierta: de no haber seguido teniendo el apoyo de *Animal Planet*, nuestros coproductores estadounidenses, quienes proporcionan una parte considerable del presupuesto, no se habría vuelto a encomendar la realización de la serie. Pero la recepción del público en Estados Unidos fue tan calurosa como en otras partes, lo que condujo a producir una tercera serie. Así, en septiembre de 2000, el equipo de *Diario de grandes felinos* se reunió de nuevo en un campamento privado de tiendas a orillas del río Mara, a unos cuantos kilómetros al norte del Governor's Camp. Esta vez, sin embargo, las cosas iban a ser muy diferentes.

Por lo regular, el Mara recibe algo de lluvia incluso en la más desolada de las temporadas de sequía, pero no ocurrió así ese año. Apenas reconocimos el lugar de las series previas. En ese entonces nuestro campamento había sido sacudido por un feroz vendaval, que arrastró una de las tiendas de nuestros sonidistas a mitad del río —ropa, libros, teléfonos móviles, de todo—. Pero ahora Kenia estaba padeciendo su tercer año de sequía. ¡Qué transformación!

Ámbar solía saltar sobre la cubierta del motor de los autos para tener una visión sin obstáculos de las planicies.

Un hipopótamo adulto intimida a un macho joven que ha invadido su recodo en el río. Los hipopótamos machos a veces se matan por disputas territoriales, infligiéndose profundas heridas con sus imponentes caninos y sus curvados incisivos inferiores.

Los pastores nómadas de toda la región habían perdido decenas de miles de cabezas de ganado cuando empezamos a filmar. Las polvaredas asolaban las planicies, y erosionaban los terrenos resecos. Los pastores no tuvieron más remedio que invadir las reservas y los parques nacionales —incluso ranchos privados— en busca de alimento y agua, lo que inevitablemente los llevó a tener conflictos con las autoridades de los parques y los terratenientes. Los políticos trataron de convencer a los administradores de la zona de que fueran tolerantes durante el periodo de necesidad de la gente. De noche podíamos escuchar los cencerros tintinear en lo profundo de la reserva conforme los masáis se internaban con su ganado en el área protegida. Y todas las mañanas había buitres que llenaban el cielo ceniciento, volando en círculos, y otros que se lanzaban en picada para devorar un nuevo cadáver.

Irónicamente, la sequía sirvió para hacer una filmación espectacular, pues todos los depredadores tenían garantizada bastante comida. Además, los años de sequía son siempre los mejores para observar la migración de los ñus y las cebras. Cuando los vientos secos del este azotan el sur del Serengueti al concluir la temporada de lluvias, a finales de mayo y principios de junio, la población de ñus vuelve su espalda al picante viento y se dirige rápidamente al norte y al oeste. Cuanto más seco es el año mayor es el espectáculo al dejar los animales las planicies en masa. El Mara está situado en el área de mayor precipitación pluvial del ecosistema, y ofrece así agua y pastizales durante la prolongada estación seca que dura hasta el inicio de las lluvias cortas a mediados de octubre. Esto va tan al norte como las manadas viajan; más allá hay asentamientos humanos, agricultura y vallas a todo lo largo de las orillas del lago Victoria. Cuando las lluvias colman los pastizales del Serengueti y llenan de agua los lodosos estanques alcalinos en octubre y noviembre, los ñus se dirigen otra vez al sur, a los ancestrales terrenos donde paren sus crías en las planicies de pastos cortos.

En épocas de sequía más de medio millón de ñus inundan el Mara al iniciarse la estación seca. Algunos se encuentran en su primer celo anual, y desde el aire parecen un ejército de hormigas; las hembras se apiñan en densos grupos en torno a los machos territoriales, y grandes rebaños de solteros vagan en los bordes, alimentándose pacíficamente. Por esa razón siempre escogemos mediados de la temporada seca —los meses de septiembre y octubre— para filmar *Diario de grandes felinos*, confiando en que los ñus y las cebras —y los incendios— acaben con los pastizales y nos faciliten encontrar a los depredadores.

La migración es universal. A los pocos días la hierba se ha agotado, lo que obliga a los elefantes a buscar los bosques de acacias hacia el norte de la reserva, donde puede encontrarse a Media Cola y Zawadi. La presencia de la migración contribuye a garantizar mucha acción, en especial en algunos sitios preferidos de cruce de ríos, a los cuales vuelven los rebaños año tras año, y donde se reúnen miles de animales para cruzar a fin de hallar mejores pastos. Los ñus y las cebras —y en ocasiones también las gacelas de Thomson— deben desafiar a cocodrilos gigantes que recorren río arriba y abajo en busca de presas. Y si sobreviven a los cocodrilos siempre está la amenaza de las manadas de leones emboscados o el leopardo ocasional que sale a hurtadillas de los matorrales para atrapar una cría de ñu o de cebra cuando intentan trepar por la orilla de un río. Año tras año, Angie y yo hacemos nuestro peregrinaje anual al río Mara. Independientemente de cuántas veces antes hayamos sido testigos del espectáculo, el ruido, el polvo y el pandemónium son irresistibles.

Cuando filmábamos la primera serie de *Diario de grandes felinos* batallamos para presentar secuencias emocionantes de los leones de la Manada del Pantano. La manada cazaba casi siempre de noche, y en gran parte de nuestra estancia no hubo cachorros que nos entretuvieran durante el día, o eran demasiado jóvenes para filmarlos, por estar ocultos en los matorrales de crotón del *lugga* de Bila Shaka, corriente de agua intermitente ubicada en el centro del territorio de la manada. Dos años después tuvimos mejor suerte con un gran grupo de cachorritos, pero todo cambió a fines de 1999, cuando los pastores masáis mataron a Despeinado, uno de los dos

Los machos de las Planicies de los Topis que se apoderaron del territorio de la Manada del Pantano en 2000.

machos de la manada, y a dos de las cinco leonas. La muerte de Despeinado precipitó que el territorio de la manada fuera invadido por dos machos de melena rubia de la vecina Manada de las Planicies de los Topis, situada al este. Los machos de las Planicies de los

Topis aprovecharon con rapidez la debilidad, sembrando el terror en Cicatriz, el compañero de Despeinado, e incitando una división en la manada. Aunque dos de las hembras adultas permanecieron en el lugar y al cabo se aparearon con los invasores, los once subadultos abandonaron su sitio de nacimiento junto al *lugga* de Bila Shaka y se retiraron al pantano para escapar de la amenaza de estos nuevos machos.

Los leones jóvenes de la Manada del Pantano y una hembra adulta llamada Narigona, que fue la madre de los tres, pasaron la estación seca cazando en las inmediaciones del pantano. Cicatriz hizo cuanto pudo para mantenerse lejos de cualquier daño, evitando la guerra con los machos de las Planicies de los Topis y buscando para alimentarse las sobras de las matanzas efectuadas por la generación más joven. Mientras Simon observaba los Leones del Pantano, yo mantenía mi mirada en la Manada de la Colina, que vive al sur de la zona de Musiara. Ellos nos dieron uno de los personajes reales de la tercera serie, un cachorro llamado Solo, que la gente identificaba fácilmente por ser el único bebé de la manada.

Hasta 600 000 ñus migran del Serengueti en Tanzania al Masái Mara durante la estación de sequía, que empieza a principios de junio y continúa hasta mediados de octubre.

Todas nuestras preocupaciones acerca de cómo íbamos a encontrar material suficiente para filmar resultaron infundadas. Los Leones del Pantano estaban muy activos, en parte debido a la riqueza de oportunidades de caza que el pantano de Musiara ofrece en la estación seca, pero también como consecuencia de tener tantos subadultos ansiosos de probar sus habilidades de caza recién adquiridas y alimentar tantas bocas. Nada era demasiado grande para estos jóvenes, y a menudo cazaban durante el día. Los filmamos tratando de emboscar (con diversos grados de éxito) hipopótamos, búfalos, ñus, cebras y jabalíes. Todo lo que los leones jóvenes tenían que hacer era ocultarse en los densos carrizales en el centro del pantano y esperar. Tarde o temprano, multitudes de ñus y cebras descenderían de las tierras altas hacia el norte y de las planicies ondulantes hacia el este, para saciar su sed en las aguas de los manantiales. Y dado que los

hipopótamos y búfalos son tan propensos a los estragos de la sequía —y siendo sobrepasados en número por las enormes manadas de ñus que se alimentan—, hubo muchas ocasiones en que estos pesos pesado se encontraban en una lucha de vida o muerte con los leones.

Había también mucha acción con los guepardos, aun cuando los tres cachorros de Ámbar —una hembra y dos machos— la habían abandonado poco después de que terminamos de filmar la segunda serie y estaban en la plenitud de su crecimiento. Si bien entonces vagaban juntos en amplias extensiones, Angie y yo nos encontramos de vez en cuando a los jóvenes machos. Extrañamente, parecían muy cautelosos con los vehículos, a diferencia de su hermana Kike (voz swahili que significa "joven hembra"), que no había perdido su docilidad y continuaba montándose en los vehículos con regularidad. Simon pasaba mucho tiempo siguiendo a Ámbar, que para entonces era la

hembra de mayor edad en el área. También seguía la pista de los desplazamientos de un macho adulto conocido como Nick, debido a un prominente corte que tenía en la oreja, y que entonces dominaba el territorio en el lado del Musiara del río.

Kike se había establecido en un área al sureste del pantano de Musiara y podía encontrársele a menudo cazando en torno al borde oriental de la Colina del Rinoceronte y en las planicies alrededor del Mara Intrepids Camp. Simon y el camarógrafo Warren Samuels filmaron una maravillosa secuencia de una violenta riña entre Kike y Nick que dejó al macho más grande goteando sangre de la nariz. Encuentros así de agresivos entre individuos que se hallan dispersos en tan amplias extensiones a menudo tienen el efecto deseado y, al cabo de un día más o menos, las hembras entran en celo.

Los leopardos constituyen un caso completamente distinto. En 1999, tuvo lugar un

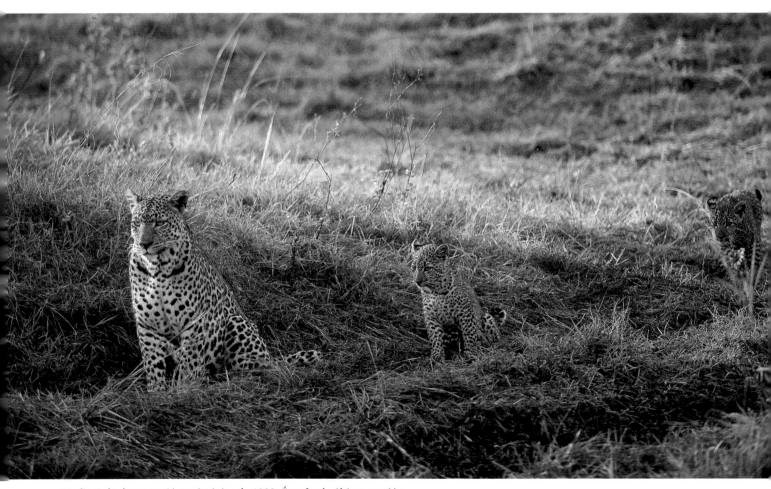

Media Cola desapareció a principios de 1999. Ésta fue la última ocasión que la vi, iba acompañada de su sexta camada de cachorros.

suceso de la mayor importancia que nos dejó a Angie y a mí francamente desolados y nos hizo volver al Mara durante septiembre para filmar una breve actualización. A principios del año Media Cola había desaparecido. Habíamos seguido la vida de este carismático felino desde que ella apareció por primera vez en la Colina de las Higueras y el Desfiladero de los Leopardos en 1990 y, como ya dije, se había convertido en estrella de la primera serie de *Diario de grandes felinos*. Para cuando filmábamos la segunda, su hija Zawadi era completamente independiente, y en dos años y medio ya se había apareado y tenido sus primeros cachorros. Media Cola amamantaba a su sexta camada en esa época y se había desplazado más al norte, internándose en unos bosques de acacias y colinas rocosas con algunos árboles, más cerca del río Mara. Al pensar en las ocasiones en que la encontramos, recuerdo que había empezado a mostrar señales de envejecimiento. Para entonces ya tenía once años, edad de vejez para los leopardos. Aun así logramos obtener secuencias maravillosas de ella y sus dos cachorros. Por su parte, Zawadi nos alegraba con regularidad con sus simpáticas travesuras, con lo que demostraba tener casi el mismo carácter que su madre.

Los acontecimientos que culminaron con la muerte de Media Cola siguen siendo un misterio. Se dice que fue capturada en una trampa de alambre puesta por pastores cuando se arrastraba a través de un hoyo en la empalizada de arbustos espinosos en torno a un *boma* temporal de ganado. Al parecer, había atrapado una cabra o una oveja la víspera, y pagado el precio por su persistencia. Fue el triste fin de una criatura única que dio grandes alegrías a millones de observadores. Pero un leopardo puede ser una verdadera amenaza para los ganaderos, un ladrón asesino según su modo de pensar, un cazador silencioso que visita y ataca a altas horas de la noche.

A pesar de la ausencia de Media Cola, encontramos mucho que filmar cuando regresamos para la tercera serie en 2000. Como habíamos esperado, Zawadi había parido en el Desfiladero de los Leopardos poco después de que filmamos la actualización en septiembre de 1999. Pero los dos cachorros vivieron apenas

Zawadi con su hija Safi, de tres meses de edad. Zawadi está gruñendo a una hiena que ha visto aproximándose por la Colina de las Higueras.

dos semanas, perseguidos y devorados por unas hienas. Así que, al clarear la mañana del primero de enero de 2000, Angie, nuestro hijo David y yo apenas pudimos creer en nuestra buena suerte cuando, sentados, observamos a Zawadi cargar el cadáver de un impala comido a medias hacia el sitio en que había ocultado a su segunda camada —un macho y una hembra— en la Colina de las Higueras. Es muy difícil criar cachorros de leopardo en el Mara debido a la presencia de tantos leones y hienas con los cuales tienen que competir: en seis meses los leones habían matado al cachorro macho, que era más audaz. No obstante, Zawadi y Safi, como llamamos a su hija —término swahili de aprobación que significa una combinación de "limpia" y "bonita"—, nos dieron momentos

maravillosos, al pasarse mucho tiempo al norte del Desfiladero de los Leopardos, en el área en que solía merodear Media Cola.

Cuando se decidió la filmación de la cuarta serie de *Diario de grandes felinos* en 2002, me preguntaba cómo demonios podríamos competir con el tipo de escenas que habíamos registrado hacía dos años. Las sequías de la magnitud observada sólo se presentan cada cinco o diez años, y como la gente hablaba tanto del fenómeno de El Niño, me figuraba que era algo realmente húmedo. Imaginé amplias zonas de pastizales recibiéndonos al final de la temporada de lluvias, lo que a su vez probablemente provocaría una migración muy pobre y una muy difícil temporada para encontrar felinos. Por fortuna, estaba equivocado. Lo que planteó la diferencia en la cuarta serie fueron los cachorros —muchos en verdad—. Los tres grandes felinos tenían cachorros que podíamos filmar. De ello habíamos carecido en la serie anterior.

Angie y yo bajamos al Mara pocos días antes de que se reuniera el equipo para encontrarnos con lo que había sucedido. Angie ya había estado tejiendo una red con nuestros amigos de los diversos campamentos y alojamientos, quienes nos habían puesto al corriente, casi día a día, sobre los desplazamientos de los Leones del Pantano y de Zawadi, quien para entonces ya tenía un avanzado embarazo. Narigona,

una de las cinco leonas originales del Pantano, había desaparecido, quedando sólo dos de la antigua generación, Khali y Muesca. Entre tanto, Roja —una de las Hermanas del Pantano, pequeño grupo de leonas exiliadas de la Manada del Pantano unos años antes— había sido alanceada por los masáis tras matar a un ternero, dejando a sus compañeras Renguita y Go-Cat solas en la tarea de defenderse. Por fortuna, la Manada del Pantano contaba con una nueva generación de siete hembras para reforzar su número: las subadultas que habían sobresalido en la tercera serie.

Unas cuantas semanas antes de nuestra llegada al Mara, Angie recibió un informe de Governor's Camp según el cual una guepardo había dado a luz cinco cachorros en el *lugga* de Bila Shaka. Ése es el lugar habitual de nacimiento de los cachorros de los Leones del Pantano y uno de los pocos sitios en las planicies donde pueden encontrar sombra en el calor del día. En el pasado, siempre que una guepardo ha tratado de criar una camada en las inmediaciones, ha fracasado. Tarde o temprano sucede que uno o más leones exploran el lugar, la ven y reconocen por su conducta que tiene cachorros e inmediatamente se acercan a investigar. Si los cachorros son pequeños están definitivamente perdidos, y tal fue el caso en esta ocasión. Nos dijeron que uno de los machos de la nueva manada de Leones del Pantano fue el culpable y que la madre guepardo era la hija de Ámbar, Kike. Tuvimos la esperanza de que por primera vez en *Diario de grandes felinos* podríamos presentar una guepardo con cachorros pequeños. Pero no sería Kike.

En años recientes el número de guepardos ha caído en vertical en el norte del Mara, sobre todo más allá de los límites de la reserva. Hace unos años, con sólo conducir por el área temprano por la mañana era seguro encontrar al menos un guepardo, y a veces varios. Con tantas gacelas e impalas —y menos leones y hienas que dentro de la reserva—, era el territorio ideal para los guepardos, y la observación de una guepardo cazando, en ocasiones acompañada de hasta cinco cachorritos cubiertos de pelusa, era la atracción principal de un recorrido. En aquellos días había más de 60 guepardos adultos que vivían en el Mara y sus alrededores. Y siempre supusimos que los que vivían fuera de la reserva medraban ahí debido a la presencia de los masáis, quienes constituían una poderosa disuasión para leones y hienas, los principales competidores de los guepardos. Dado que estos depredadores más grandes buscan la seguridad escondiéndose en los carrizales durante el día, los guepardos podían cazar y desplazarse con sus cachorros con relativa tranquilidad. Los guepardos son felinos tímidos y no son una amenaza para los masáis, pues rara vez intentan atrapar ganado, y el hecho de que no son

Guerreros (*Ilmurran*) masáis kisongo, del norte de Tanzania, bailan para celebrar la transición de los jóvenes a adultos durante la vistosa ceremonia llamada *Eunoto*.

Muesca (izquierda) y su hermana Khali, parte del grupo original de las cinco leonas de la Manada del Pantano que filmamos en 1996. La actitud de Muesca es de sumisión al saludar a su hermana, que está amamantando a sus jóvenes cachorros.

carroñeros los hace inmunes al veneno que a veces utilizan los pastores para bañar un cadáver con sustancias tóxicas y deshacerse de los depredadores del área.

Hoy día, los masáis son más sedentarios y numerosos, lo que ha provocado que lleven cada vez más ganado vacuno, ovejas y cabras al área circundante a la Reserva del Mara. Así, los pastos mantienen poca altura todo el año, lo que deja poco espacio de refugio a los guepardos para instalarse u ocultar los cachorros en crecimiento.

Las planicies en torno a la Colina de Aitong y las espesuras boscosas ubicadas al norte del Desfiladero de los Leopardos eran los habituales territorios de caza de Ámbar. Nadie sabía con certeza su edad, aunque algunos pensaban que podría tener hasta 12 años, algo casi inimaginable para los guepardos en libertad. En esta ocasión, cuando preguntamos por ella, los conductores dijeron que le habían perdido la pista en los últimos meses y quizá había muerto. Es imposible no entristecerse cuando un viejo amigo —lo que son estos felinos para nosotros— muere o es herido. Del mismo modo que Media Cola, Ámbar constituía una enorme parte de nuestras vidas: siempre fue algo bueno buscar a cualquiera de las dos y pasar un tiempo

en su compañía. Las dos felinas eran personajes tan peculiares que al principio sencillamente no podíamos creer que se hubieran ido. Si bien Ámbar solía deambular desde las amplias extensiones de la Planicie del Paraíso hacia el sur hasta las llanuras de Aitong al noreste, tarde o temprano reaparecía, del mismo modo en que Media Cola se perdía por meses durante las prolongadas lluvias, sumergiéndose en la larga hierba de avena roja. Entonces, un día la encontramos de nuevo entre las rocas cubiertas de liquen en el Desfiladero de los Leopardos o devorando una pieza de caza en la parte alta de la Colina de Observación. Pero, aunque buscamos a Ámbar en todas sus guaridas habituales, no hallamos señales de ella, y nos vimos obligados a aceptar que se había ido para siempre.

Así que, por primera vez en *Diario de grandes felinos*, Simon y su equipo de filmación cruzaron el río Mara en busca de guepardos en esa parte de la reserva situada al oeste del río, el Triángulo del Mara. Angie y yo amamos este sitio, pues en cuanto a paisaje es una zona pasmosa. Nos casamos allí en 1992, en un elevado risco en las alturas de la Escarpadura de Siria, sobre el río Mara. Este risco forma

el límite occidental de la reserva, un lado del triángulo de 520 km² de terreno bordeado por el río al este y por la frontera entre Kenia y Tanzania al sur, que separa el Masái Mara del gran Parque Nacional del Serengueti. En 1995, el control de la reserva se dividió entre el ayuntamiento de Narok al este del río y el de Trans Mara al oeste. Una compañía de administración llamada Preservación del Mara es hoy responsable de manejar el Triángulo en nombre del ayuntamiento de Trans Mara; ha sido bien recibida y tenido un impacto positivo en el mantenimiento de los caminos, la vigilancia de los visitantes y la captación de ingresos. Desde que dicha compañía tomó el cargo, se han recuperado más de 1 000 trampas de alambre y arrestado a casi 200 personas, con lo que se dieron claras señales de advertencia a los cazadores de que el Triángulo ya no es lugar para la caza furtiva.

Desde que pusieron sus pies en el Triángulo, Simon y su equipo estuvieron en el paraíso de los guepardos. Pronto descubrieron a dos hembras, cada una con tres cachorros, y a un macho, todos los cuales cazaban en terrenos distantes entre sí por pocos kilómetros, a menos de media hora de camino en vehículo desde Little Governor's Camp, donde se estacionaban los carros de la filmación durante la noche. Simon se concentró en la hembra con los

Las áreas cubiertas por árboles de la especie *Balanites* son características del Triángulo del Mara, donde moran los guepardos, en parte porque hay menos leones y hienas.

cachorros más jóvenes, que tenían alrededor de tres meses de edad cuando comenzó la filmación. A la hembra la llamó Miel. En ocasiones las dos guepardos hembras estaban en el campo de visión una de la otra, aunque, como es típico de estos felinos solitarios, mantenían su distancia y sencillamente se evitaban, más que pelear sin motivo en las planicies. Hubo tensas confrontaciones con leones, y cuando iba a terminar la filmación, Simon y su equipo lograron filmar un espectacular encuentro entre Miel y sus cachorros y el macho territorial.

Mientras tanto, una nueva presentadora al otro lado del río, Saba Douglas-Hamilton, se nos unió para observar a los Leones del Pantano. Al principio pensamos que sería una tarea relativamente fácil para Saba, pero pronto las cosas se complicaron cuando tres de las leonas parieron cachorros con diferencias de apenas unas semanas entre los alumbramientos de cada cual en la zona del *lugga* de Bila Shaka, mientras otros miembros de la manada concentraban su actividad en los entornos del pantano. Es normal que leonas de una misma manada

entren en celo simultáneamente, sobre todo después de que ha habido una toma de manada, cuando todos los cachorros procreados por los machos previos invariablemente son matados por los recién llegados. El mejor modo de que las leonas críen a sus cachorros es formando una guardería, en la que las madres de recién

nacidos con pocas semanas de diferencia reúnen a sus cachorros en cuanto tienen edad suficiente para salir de la densa espesura de su refugio al nacer.

Ésta fue una temporada emocionante en la historia de la Manada del Pantano. Angie y yo estábamos fascinados de ver cómo las jóvenes hembras del grupo de once subadultos que se habían retirado al pantano hacía dos años, habían vuelto al *lugga* de Bila Shaka como adultas y se habían apareado con los nuevos machos de la Manada del Pantano, los leones de las Planicies de los Topis. Como relucientes jóvenes de cuatro años, sus vidas habían completado un círculo: estaban de regreso a donde habían nacido, y criaban a sus propios cachorros.

Ahora enfrentaban un nuevo problema. El territorio de la Manada del Pantano siempre había sostenido a un número limitado de leones, y en todo el tiempo que los observamos, la manada había promediado entre cuatro y seis leonas. A las de mayor edad, Muesca y Khali, ahora se sumaban seis parientes hembras más jóvenes, y con diez cachorros que alimentar y los dos machos de la manada, parecía inevitable que no habría suficiente comida para toda la manada una vez que la migración abandonara el pantano para ir al Serengueti, a menos que cazaran búfalos. Sospecho que cuando regresemos para realizar la próxima serie, mucho habrá cambiado en la zona de Musiara.

Los 1 500 elefantes que viven en el Masái Mara y en sus alrededores son una poderosa fuerza de cambio del paisaje, pues contribuyen a la transformación actual de bosques en pastizales.

La mayor sorpresa que tuvimos durante la última serie fue encontrar a Solo, el cachorro de león que nos mantuvo hechizados con sus travesuras en toda la tercera serie. Solo era el único superviviente de una camada de cuatro que dio a luz la leona de más edad de la Manada de la Colina. Poseía mucho temperamento, pues era un cachorrito vigoroso cuyos únicos compañeros de juego tenían muchos meses más que él. Yo daba por cierto que, llegada la temporada de lluvias, a Solo le resultaría imposible competir con todas esas bocas hambrientas (había más de 20 leones en la Manada de la Colina) y le sería arrebatada su parte en cualquier cacería del grupo. Pero fue obvio que yo no había tomado en cuenta el tenaz carácter de Solo. Había sido criado en una frenética caldera competitiva en que no había tregua. Los dos magníficos viejos machos de la manada habían sido expulsados y, probablemente, ya estaban muertos para entonces; pero ahí estaba Solo, mangoneando a sus parientes mayores como si el lugar le perteneciera.

La madre de Solo había muerto desde la última serie, y tres de las otras hembras adultas tenían un avanzado embarazo, posiblemente debido al arribo de dos machos de cuatro años de edad que aparecieron con la migración, quizá del Serengueti. Este grupo estaba tratando de formar una nueva manada, aunque rara vez se veía juntos a hembras y machos. El resto de la manada vagaba cerca de los márgenes del bosque fluvial al sur de Governor's Camp sin machos que los protegieran, y hacían su mejor esfuerzo por evitar conflictos con la Manada del Pantano, los cuales los aventajaban en número. La Manada de la Colina entonces constaba de cuatro jóvenes machos de apenas tres años, y de sus dos hermanas, que alguna vez fueron compañeros de juego de Solo. Los acompañaba una vieja hembra a la que llamamos Renguita, una valiente e insolente leona que defendía agresiva a sus parientes más jóvenes; de ahí que tuviera su pata delantera lisiada, lo que le ganó su nombre.

Solo y su compañero de tres años de edad, el más joven de la más vieja generación de cachorros, compartían la misma área y

Los leones machos jóvenes se vuelven nómadas a los dos o tres años de edad, y deben competir con las hienas, que son más numerosas, por el alimento.

merodeaban incluso más allá de ella. Estos dos machos errantes establecieron un fuerte vínculo que continuaría a lo largo de su vida, si es que sobrevivían los dos próximos años como nómadas. Constantemente estaban en conflicto con sus parientes mayores, disputándose las presas y peleando por el espacio vital. Era un duro recordatorio de cuán difícil puede ser la vida para los leones durante su época de transición. Muchos no lo logran. Al carecer de un territorio propio, Solo y su compañero se vieron obligados a desplazarse todo el tiempo. Mientras los ñus permanecieran en la zona, ofreciendo un botín fácil a todos los depredadores, podrían encontrar suficiente alimento, aunque ello significara a menudo pelear con los miembros de los clanes locales de hienas, siempre dispuestas a disputar con leones jóvenes como éstos una pieza cazada.

¿Dónde estará Solo dentro de dos años? Para entonces habrá alcanzado la edad adulta y, si él y su compañero sobreviven, estarán listos para defender su derecho a un territorio de manada en algún lugar del Mara-Serengueti.

Sucesos como los que acabo de describir son comunes en las excursiones de observación en el Masái Mara, los que con el paso del tiempo nos han permitido conocer las vidas de los

animales más carismáticos. Siempre hay algo nuevo o interesante por descubrir, y nunca me canso de mirar a los leones en trance de cazar o jugar, ni siquiera cuando sólo yacen sin hacer nada. Siempre he sostenido que mi criatura favorita es la que Angie y yo estamos siguiendo en este momento, y pueden ser perros salvajes, leones o leopardos. Pero hay algo especial que distingue a los leopardos y que, espero, se hará evidente en las páginas de este libro. Esta historia no es sólo acerca del leopardo africano, o sobre los leopardos específicos que llegamos a conocer Angie y yo a lo largo de los años —Chui, la Hembra de Mara Buffalo, Media Cola y Zawadi—; es un intento, como en el caso de *Diario de grandes felinos: Leones* (el primer libro de esta serie de tres), que considera a los grandes felinos de África desde una perspectiva más amplia. Examinamos los hallazgos de las últimas investigaciones de campo e iniciativas de conservación, que en lo referente a la distribución del leopardo van más allá del continente africano. El leopardo es el gran felino más adaptable y que se ha extendido en más áreas. Ojalá que siga siéndolo.

Los primeros días

Chui con un impala joven. Los impalas son la presa favorita de los leopardos cuando pueden elegir entre dos especies.

Aun antes de que pisara África hace 10 años, sabía cuáles eran los animales salvajes que más deseaba ver. El leopardo encarnaba mi idea de África: animal de suprema elegancia y agilidad, cazador de la oscuridad oculto en una piel moteada. Cuando era pequeño y vivía en una granja de Berkshire, la visita anual al Parque Zoológico de Regent era mi mayor atracción del año. Todavía me recuerdo de pie, azorado, frente a un encierro infecundo en el que un enorme leopardo macho caminaba de aquí para allá. En ocasiones se detenía y me miraba con sus ojos verde claro antes de emprender de nuevo su interminable andar. De seguro debe ser "el felino que camina a solas", pensaba, igualmente convencido de que Rudyard Kipling de veras conocía el secreto de "Cómo obtuvo el leopardo sus manchas". Pero sabía que si quería aprender más sobre los leopardos tendría que viajar a África.

Escribí esto hace 20 años en la introducción de mi libro *The Leopard's Tale* [El relato del leopardo]. Me llevó seis años de vivir en el Masái Mara completar el libro: así de difícil era en la década de 1970 encontrar un leopardo que uno pudiera observar, ya no digamos fotografiar.

La primera vez que visité el Mara fue en 1974, en un viaje por tierra de cuatro meses de Londres a Johannesburgo. En aquellos días el Mara era poco más que una parada de camino al gran Parque Nacional del Serengueti, en Tanzania, o en el trayecto de regreso a Nairobi. Apenas había tiempo para una sola excursión de observación, pero fue suficiente. Incluso entonces supe que quería volver: el Mara es el paraíso de los depredadores.

Cuando llegué a Sudáfrica al final de mi viaje, por casualidad tomé un ejemplar del diario *Rand Daily Mail*. Fue uno de esos momentos de definición, un golpe de suerte que contribuyó a determinar que me quedara en África, en vez de continuar mis viajes por barco de Ciudad del Cabo a Sydney, Australia. Un artículo del doctor Theodore Bailey cautivó mi atención. Bailey acababa de iniciar su estudio sobre los leopardos en el Parque Nacional de Kruger,

una amplia región de sabana arbolada en las estepas bajas de Transvaal que se extiende por la frontera oriental de Sudáfrica, limítrofe con Mozambique. El Kruger tiene 320 km de norte a sur y 65 km de este a oeste en su parte más ancha, lo que equivale a un área de 19 485 km². En esa época recibía unos 360 000 turistas al año.

El artículo venía acompañado con varias imágenes que Bailey obtuvo, para seguir la pista de los animales, utilizando radiotelemetría, técnica que estaba en sus albores. Ahí había alguien haciendo lo que yo quería hacer: pasar el tiempo en las espesuras para observar a los grandes felinos. Inmediatamente escribí a Bailey preguntándole si necesitaba un ayudante. No era el caso. Su esposa podía ofrecerle todo el apoyo que necesitaba; además, si mi propósito era estudiar a los depredadores, debería continuar mis estudios universitarios para obtener un posgrado. (Le había dicho que acababa de titularme en zoología.) Agradecí que se hubiera dignado responderme; imagino que lo inundaban peticiones como la mía.

Seguí su consejo, e hice una solicitud al Instituto de Investigaciones sobre Mamíferos de Pretoria, donde generosamente me ofrecieron la oportunidad de estudiar a los depredadores en Zimbabwe para obtener el grado de maestro. Pero me sentía incómodo aceptando tal oferta cuando la mayoría de los sudafricanos aún carecían de derechos políticos debido al *apartheid*. Ése fue el momento en que estuve más cerca de ser científico. Las únicas opciones

si quería trabajar con la vida salvaje eran ser guía de safaris o cultivar mi interés en el arte sobre este aspecto de la naturaleza. Aparte del artículo sobre el proyecto de los leopardos, el *Rand Daily Mail* me inspiró por otras razones. El periódico presentaba una serie de artículos acerca de la vida salvaje escritos por Sue Hart, cirujana veterinaria que alguna vez ayudó a George Adamson a curar a uno de sus amados leones y quien escribe con pasión poética sobre el África salvaje. Pero fueron los hermosos bocetos con la técnica de punteado a pluma de Lee Voight los que atraparon mi atención. Siempre me gustó dibujar y me había dedicado como aficionado a la técnica de punteado en la universidad para ilustrar mis distinciones académicas. El detalle y la gama de tonos que se pueden producir con una pluma son sobresalientes. Hart y Voight habían publicado una colección de su obra en forma de libro, el cual corrí a comprar, junto con un equipo de plumas Rotring y montones de papel cuché.

En los dos años siguientes logré encontrar trabajos temporales en Botswana con varios proyectos relacionados con la vida salvaje, antes de volver a Kenia para hacer del Mara mi residencia permanente. Me establecí en el Mara River Camp, que en esa época era propiedad del legendario paleontólogo Richard Leakey y del cineasta de la vida salvaje Alan Root. El trato era que yo recibiría comida y alojamiento gratuitos a cambio de vigilar el campamento y fungir como el naturalista del

Los leopardos son sigilosos, prefieren ocultarse entre malezas y rocas para que no los detecten las presas potenciales u otros depredadores.

lugar. Ello me daría la oportunidad de explorar el Mara mientras conducía a los huéspedes en los recorridos de observación; al mismo tiempo podría llevar adelante mi interés en la conducta animal e ilustrar la vida salvaje. Para entonces mis primeros dibujos a pluma ya se habían publicado, y al cabo de dos años gané lo suficiente con mi trabajo artístico para comprar una Landcruiser Toyota. Ello me dio por fin la libertad de irme solo a practicar con seriedad mi nueva pasión: fotografiar animales en libertad.

Aunque había abandonado cualquier idea de continuar mis estudios en zoología, nunca he dejado el trabajo académico. A la fecha, sigo registrando minuciosamente todo lo que veo cuando estoy en las malezas. Tengo abundantes notas en mi estudio de Nairobi, con dibujos y detalles de los animales que he encontrado, y que se remontan al tiempo en que llegué por primera vez al Mara. En estos registros, los grandes felinos siempre han tenido una presencia destacada. Había muchos leones que observar. También era relativamente fácil seguir la pista de los guepardos en esos días, y había una hembra con tres grandes cachorros que trataba a los vehículos como Ámbar y sus

retoños lo harían años después: saltando sobre los neumáticos de repuesto, encaramándose sobre las cubiertas de los motores y, en general, divirtiéndose. Era raro regresar de una excursión de observación sin haber visto al menos uno de estos elegantes felinos. Algo muy distinto pasaba con los leopardos. Ni los leones ni los guepardos se sienten obligados a esconderse, y a menudo aparecen en campo abierto y es fácil acercárseles. Mi incapacidad de encontrar un leopardo sólo estimuló mi ansia de descubrir cuanto pudiera sobre el más escurridizo de los grandes felinos de África.

Vi mi primer leopardo en el Serengueti durante un viaje por tierra; era un espléndido macho escondido entre la hierba dorada, que descansaba al pie de una acacia de corteza amarilla. Esperamos a que se levantara y volviera a trepar en el árbol para devorar gustoso el impala a medio comer que guardaba seguro fuera del alcance de leones y hienas, a 6 m de altura. Pero los leopardos tienen un sentido del tiempo diferente al del ser humano. No tenía ninguna prisa en ofrecernos una mejor vista de su pelaje moteado.

Una vez afincado en el Mara no logré ver un leopardo durante meses, a pesar de que vivía entonces en uno de los mejores territorios de leopardos en África. El problema, desde luego, era ese pelambre asombrosamente hermoso. En la década de 1960 empezó a oírse en todo el mundo la preocupación por la difícil situación de los felinos moteados, y ello determinó que diversos países impusieran prohibiciones voluntarias al tráfico de piel de leopardo. En 1972 Estados Unidos clasificó al leopardo, en todas sus variedades, como una especie en peligro, y la Unión Internacional para la Conservación de la Naturaleza (IUCN, por sus siglas en inglés) declaró cinco subespecies de leopardos como raras o en peligro. Según un informe de Norman Myers publicado en 1974 sobre la situación de los leopardos y guepardos para la IUCN y el Fondo Mundial para la Vida Salvaje, se estimó que durante los años sesenta se mataron unos 50 000 leopardos cada año en África para suministrar la, al parecer, infinita demanda de abrigos de piel. Tan sólo en 1968 y 1969 los comerciantes de pieles de Estados Unidos importaron las pieles de más de 17 000 leopardos, y en 1980 Europa importó casi medio millón de pieles de felinos medianos y pequeños, como los leopardos nebulosos y ocelotes. Gracias a que muchos países son ahora miembros de la Convención sobre el Comercio Internacional de Especies Amenazadas (CITES, por sus siglas en inglés), está prohibida la venta de piel de leopardo desde 1975. Algunas de las especies más pequeñas no fueron tan afortunadas.

Los grandes felinos de áreas como el Mara y el Serengueti —reservas y parques

AUNQUE COMIDA, agua y refugio son los requerimientos básicos de la mayoría de las especies, los leopardos son tan adaptables que pueden vivir prácticamente en cualquier lugar. Presentan la distribución más amplia de cualquier felino, encontrándose bastante lejos del continente africano. Todavía se encuentran leopardos en partes de Israel, Oriente Cercano y Medio, Irán, Pakistán, India y en muchos sitios del sureste asiático y el archipiélago malayo, al norte del Himalaya en el Tíbet, el sur de China y Siberia. El patrón de manchas y rosetas de su pelambre semeja la apariencia moteada que tienen las sombras de las hojas de los árboles, abstracción geométrica que ayuda a reflejar el entorno y a que el leopardo se fusione con él. Incluso sitios donde no hay mucho en dónde esconderse pueden serle útiles: el leopardo sencillamente se limita a las horas de oscuridad. Ha demostrado ser un maestro en vivir cerca de moradas humanas, algo imposible para leones o guepardos.

Los leopardos pueden pasar largos periodos sin beber agua, limitando su actividad a la noche en áreas muy secas.

nacionales— ya habían gozado de la protección contra toda forma de caza años antes de que se publicaran estas cifras. De hecho, durante la década de 1960 se despertó una nueva conciencia sobre cómo viven y se comportan los animales salvajes; asimismo, importantes conservacionistas como el profesor Bernhard Grzimek —autor de *Serengeti Shall Not Die* [El Serengueti no morirá], que se convirtió no sólo en un éxito de librerías, sino en una película ganadora de un Óscar— habían alentado el turismo a los parques y reservas como medio para financiar la conservación de especies y promover la preocupación por el destino de la vida salvaje. Gradualmente la palabra *safari* empezó a tener un nuevo significado: ahora los visitantes llegan armados con cámaras en vez de rifles. No tardó mucho para que los animales salvajes se habituaran a las personas dentro de los vehículos, y lugares como el arbolado valle de Seronera en el Serengueti se hicieron

mundialmente famosos como *el* lugar para ver leopardos. Guías y conductores podían decir con certeza que en algún punto del safari enseñarían a los visitantes un leopardo. Recuerdo cómo contemplaba una fotografía de un espléndido macho, cuyo territorio cubría partes del valle de Seronera, destacando su perfil en un eucalipto. Los guías lo llamaban "Bueno como el oro", en tributo a su naturaleza cooperativa.

Todo eso cambió al incrementarse la demanda de pieles y dispararse los precios que los traficantes estaban dispuestos a pagar. Los visitantes del Governor's Camp en el Masái Mara de pronto descubrieron que el puñado de leopardos a los que podían acercarse se había desvanecido; lo mismo pasó con "Bueno como el oro". No se trataba sólo del comercio de pieles. Antes de la prohibición en Kenia de la cacería para obtener trofeos a principios de 1977, los leopardos eran atrapados en trampas y matados ilegalmente dentro y en las

Zawadi con una gacela de Thomson, otra de las presas favoritas del leopardo.

En hábitats secos como el Kalahari, en el sur de África, los leopardos son activos sólo durante las horas más frescas y cazan sobre todo de noche para no someterse a esfuerzos excesivos, sirviéndose de la sangre y fluidos corporales de sus presas para satisfacer sus requerimientos de humedad, y a veces comiendo frutos como los melones *tsama* y pepinos silvestres.

Como prueba de su adaptabilidad, están los restos congelados de un leopardo sepultados cerca de la cima del monte Kilimanjaro, a unos 5 800 m sobre las planicies africanas, y en China y Rusia a veces soportan temperaturas por debajo del punto de congelación, para lo cual les crece una pelambre más espesa. Pero no están tan bien adaptados a los climas nevosos como su pariente el leopardo de las nieves u onza, que tiene gruesas capas de pelo entre sus cojinetes para aislar sus patas en invierno y hacer que su peso se distribuya como en raquetas para la nieve.

La adaptabilidad del leopardo a una amplia variedad de hábitats va de la mano con su gusto universal en cuanto a comida: en el África subsahariana se han registrado 92 especies de presas. Nada es demasiado pequeño para un leopardo hambriento, y pueden comer insectos como escarabajos peloteros, reptiles, huevos de aves y polluelos, así como pequeños mamíferos y carroña —y hasta seres humanos—, aunque los que viven en santuarios ricos en presas, como el Mara-Serengueti, obtienen la mayor parte de su sustento de impalas y gacelas. Incluso se ha registrado que un leopardo mató a un eland macho completamente desarrollado, el antílope más grande de África, que puede pesar hasta 900 kg. El leopardo es apto para todas las estaciones.

A pesar de su adaptabilidad, no hay duda de que la distribución y el número de leopardos han disminuido en tiempos recientes. Se han encontrado fósiles que se remontan 1.5 a 2 millones de años (mda) atrás, lo que sugiere una distribución mayor: hay restos de leopardos en depósitos del Pleistoceno en Europa, Oriente Medio, India, y en zonas más al norte en Asia de lo que hoy ocurre, así como en la isla de Sumatra y, por supuesto, en África. El leopardo de aquellos tiempos era con seguridad del

inmediaciones de la reserva. En la época en que llegué al Mara River Camp en 1977, era imposible encontrar un leopardo que tolerara una cercana observación, y durante mi primer año allá vi un leopardo sólo en dos ocasiones: vistas fugaces de una piel moteada fundiéndose entre los matorrales de acacia.

Sin embargo, los leopardos son criaturas adaptables. Pueden recuperarse y repoblar un área, en especial si el número de leones y hienas es bajo y si los seres humanos —su peor enemigo— los dejan en paz. Con el tiempo pude descifrar algunos misterios de cómo viven en su entorno natural estas hermosas criaturas.

Lo más común es asociar a los leopardos con algún tipo de escondrijo boscoso que va desde las selvas tropicales hasta las regiones arboladas de la sabana, y pensar que habitan en colinas rocosas y terrenos montañosos con elevaciones de hasta 5 000 m o más. Alcanzan sus mayores densidades en regiones arboladas; en ciertas regiones de África occidental y Asia tropical viven en bosques donde la precipitación pluvial anual media es muy superior a los 2 000 mm. La temperatura no parece ser un factor importante en su distribución: los leopardos son capaces de adaptarse al agobiante calor de zonas semiáridas y a los intensos inviernos de las regiones frías. Aunque no se encuentran en desiertos como el Sahara, pueden vivir en áreas que prácticamente no tienen precipitación, soportando largos periodos sin beber. Pero los felinos poseen muy pocas glándulas sudoríparas y dependen de sus resuellos para regular su temperatura corporal.

Los leopardos machos son criaturas muy poderosas, 30 a 50% más pesados que las hembras. A los de más edad les crece una papada de piel suelta bajo la garganta que a menudo se extiende hasta la barriga.

tamaño de los actuales, y los especímenes de Java y Palestina eran algo más grandes.

Existe tal variación en las marcas y el color del pelaje de los leopardos de una región a otra, que algunos taxónomos los han clasificado en diferentes subespecies. Jonathan Kingdon, en su maravilloso tratado sobre la evolución de los mamíferos del este de África, presenta una pintoresca ilustración que muestra las pieles de leopardos de varias regiones: Etiopía, Ruwenzori, Zambia, Somalia, el Cabo, Zanzíbar (hoy considerados extintos) y el monte Elgon en Kenia. Se dice que los leopardos de la República Democrática del Congo son consistentemente pequeños y verdosos en comparación con otras poblaciones, mientras que a los de Anatolia, Líbano e Irak se les describe como grandes, oscuros y con marcas que los distinguen mucho de los del norte de Irán. En un artículo de 1932, Pocock describe a los leopardos de la sabana como entre rojizos y ocres; a los leopardos del desierto, como de color crema pálido hasta marrón amarillento, y los de regiones más frías, como más grises; a los de la selva tropical los describe como de un dorado oscuro, intenso, y a los de la alta montaña, como aún más oscuros.

Este tipo de variaciones de color hicieron que en los años cincuenta se describieran más de 30 subespecies de leopardos, pero trabajos recientes con base en la biología molecular apuntan a sólo seis grupos aislados geográficamente —el africano, el centro-asiático, el indio, el de Sri Lanka, el de Java y el asiático oriental— y dicen que sólo deberían registrarse ocho subespecies. Las 12 subespecies africanas están hoy agrupadas como *Panthera pardus pardus* (el llamado leopardo norafricano, aunque su distribución llega en realidad al sur del Sahara desde África occidental hasta Eritrea). Las seis subespecies de Asia central se conocen hoy como *P. p. saxicolor* (leopardo persa): el leopardo árabe, como *P. p. nimr*; el de Sri Lanka, como *P. p. kotiya* (el mayor depredador de la isla); el de Java, como *P. p. melas* (también el mayor depredador desde que el tigre de Java se extinguió en la década de 1970); el del sur de China, como *P. p. delacouri*; el del norte de China, como *P. p. japonensis* y el leopardo de Amur o Lejano Oriente, como *P. p. orientalis*.

Los leopardos negros o melánicos, con piel tan pigmentada que parecen negros —característica causada por un gen recesivo—,

han producido una confusión considerable cuando fueron observados por primera vez y se pensó que eran una especie distinta: la legendaria pantera negra inmortalizada en los relatos de Rudyard Kipling. No lo son. El diseño de las rosetas puede verse en la piel oscura con luz reflejada. Los leopardos de áreas boscosas húmedas tienden a tener pieles más oscuras y los individuos melánicos son más comunes en esas zonas y en regiones montañosas. Se les encuentra más a menudo en Asia que en África, aunque recientemente fue visto un leopardo negro en un área limítrofe del Masái Mara. En las densas selvas de la península Malaya, se dice que hasta 50% de los leopardos son negros. Esto parece coincidir con la suposición de que la coloración oscura en mamíferos ocurre con más frecuencia en regiones cálidas y húmedas, aunque en el caso del jaguar, que también tiene una característica melánica, puede no ser así.

Los leopardos machos y hembras no se distinguen en ningún aspecto importante, a diferencia del sociable león, cuyos machos presentan una melena y se les puede distinguir al instante de las hembras, más pequeñas; la idea es que, al vivir en comunidad, es más

importante distinguir a los machos de las hembras. Desde luego, los leopardos machos son más grandes y poderosos que las hembras, y en algunos casos llegan a pesar hasta 50% más, y tienen cabezas más anchas y hocicos más fuertes. Ambos sexos tienen grandes cráneos, lo que permite la unión de los poderosos músculos maxilares. A los machos de más edad a menudo les crece una papada: una especie de colgajo suelto de piel bajo la garganta que a veces llega hasta la barriga. Pero las marcas del pelaje y el color de la piel son similares. Los leopardos de ambos sexos varían mucho en tamaño dependiendo del área, quizá debido a la disponibilidad de presas y a que constituye una ventaja ser más grande en condiciones más frías conel fin de reducir la pérdida de calor, y en terrenos más abiertos donde es probable cazar piezas más grandes. Ello ocurre también en el caso del jaguar: los individuos más grandes viven en los hábitats menos boscosos.

En muchas partes de África oriental y del sur los leopardos machos pesan entre 60 y 65 kg, y las hembras entre 40 y 45 kg. Los machos de más de 70 kg de peso y 2.3 m de longitud, incluyendo la cola, son considerados excepcionalmente grandes. Hay una fotografía en el libro de Jay Mellon, *African Hunter* [Cazador africano], que siempre recordaré: muestra un leopardo macho de 93 kg de peso al que le disparó un cliente del cazador profesional Tony France en las laderas densamente arboladas del Monte Kenia. Se trata de un enorme animal, casi del tamaño de una leona, aunque si hubiera devorado recientemente una presa, ello podría agregar 20% a su peso. Hay registros de muchas personas que han visto grandes leopardos en los bosques de Aberdare y el Monte Kenia, quizá debido a la alta densidad de presas de tamaño medio —como los machos del antílope conocido como "bushbuck"—, a una menor competencia con otros depredadores y muchos árboles donde resguardar sus presas.

Media Cola se estira antes de emprender la caza. Los leopardos son consumados cazadores que acechan a gatas hasta pocos metros de su presa antes de saltar y abalanzarse sobre ella.

Los leopardos de la Provincia del Cabo, Sudáfrica, son mucho más pequeños, los machos promedian apenas más de 30 kg y las hembras alrededor de 20, sin duda debido a una adaptación a su tipo de presas, la que se limita a una dieta de animales más pequeños, como los damanes de las rocas y los ocasionales antílopes saltarrocas.

De los cinco grandes felinos incluidos en el género *Panthera*, y que en ocasiones son llamados felinos rugientes, el leopardo y el un poco más grande y robusto jaguar son los más similares, y ambos producen un rugido parecido a una carraspera. Aunque el leopardo africano suele tener rosetas más numerosas y pequeñas que el jaguar y normalmente carece de manchas dentro de las rosetas, algunos leopardos asiáticos presentan rosetas más grandes, similares superficialmente a las del jaguar, lo que en ocasiones dificulta distinguir una piel de otra. Si bien el cráneo del leopardo es similar al del tigre, su esqueleto se parece más al del jaguar: sus patas, relativamente cortas, son más aptas para escalar árboles, y es probable que el leopardo y el jaguar sean los felinos del género *Panthera* más estrechamente emparentados. El que los leones jóvenes muestren un patrón de rosetas similar al del leopardo y el jaguar —que puede presentarse incluso en los márgenes de la barriga y las patas anteriores en los leones adultos—, además de la capacidad de emitir una serie de rugidos, o "rugidos propiamente dichos", que no se encuentra en el tigre ni en el leopardo de las nieves u onza (el cual algunos sostienen que no debería incluirse en

el género *Panthera*, pues no ruge, entre otras cosas), sugiere que existe una estrecha relación entre los tres felinos. Con toda probabilidad, el antepasado del león fue un felino moteado que vivió en un hábitat con mayor densidad arbórea.

Aunque no se conoce bien la historia primitiva del género *Panthera*, estudios de biólogos moleculares como Stephen O'Brien y colaboradores apoyan la idea de que los felinos de este género evolucionaron en especies distintas en una época más reciente que otros grupos, probablemente hace menos de 2 mda. Pero actualmente las pruebas fósiles no sostienen esta teoría. Los intentos por clarificar la evolución y clasificación de los felinos han sido objeto de largos y ásperos debates, aunque la mayoría de los taxónomos hoy concuerdan en que hay 36 especies (cuando mucho 39).

Uno de los mayores obstáculos para definir la relación entre las especies ha sido la propia naturaleza de los felinos. Si bien varían en tamaño, patrón de piel, color y conducta social, son sorprendentemente similares en forma y diseño, desde el poderoso tigre hasta el pequeño gato doméstico. Todos acechan, persiguen y se abalanzan sobre su presa (aunque como depredador perseguidor el guepardo podría considerarse una excepción). La anatomía del cráneo, con su jeta corta y su visión binocular, largos caninos como puñales, dientes destinados al corte de carne como tijeras y patas armadas con garras retráctiles son similares en toda la familia, lo cual refleja la adaptable constitución del cazador especialista.

Los servales, que se distinguen por sus grandes orejas y cortas colas, prefieren las zonas de altas hierbas y marismas. Localizan a sus presas sobre todo por el oído y luego se abalanzan sobre ellas, sosteniéndolas con sus patas delanteras y matándolas de una mordida en el cuello o la cabeza.

El macho más viejo de las Planicies de los Topis vuelve a su refugio temprano en la mañana. Los leones son guerreros y defenderán su territorio contra otras coaliciones de machos. La mayoría caerán por muerte violenta: asesinados por otros leones o hienas, heridos por búfalos, matados a tiros por cazadores de trofeos o por propietarios que intentan proteger su ganado.

Todas las variadas formas de felinos se agrupan en una sola familia: los *Felidae*. Los llamados "felinos verdaderos", que tienen caninos cónicos, pertenecen a las subfamilias *Felinae* y *Pantherinae*, mientras que los felinos dientes de sable, con sus caninos superiores aplanados y alargados, se agrupan en la subfamilia *Machairodontinae*. Los *Felinae* incluyen al felino más pequeño de África, el gato de patas negras, que apenas pesa de 1.5 a 2.5 kg, así como al león americano o puma, cuyos machos pesan hasta 100 kg; por su parte, los *Pantherinae* abarcan las diversas especies de linces (entre los cuales está el caracal), así como los felinos más grandes, como el león y el tigre. Al ser grandes depredadores, se ubican en la cima de la cadena alimenticia, y por ello son mucho más escasos que sus presas; a fin de sobrevivir, cualquier animal que es fuente de

alimento debe ser más numeroso o pesar más que su depredador. Tal es una de las razones de que los felinos estén tan escasamente representados en los registros fósiles: los antílopes y las cebras siempre rebasarán en número a los depredadores que se alimentan de ellos.

Se piensa que el primero de los felinos modernos o verdaderos fue el *Proailurus*, un ejemplo del cual, *Proailurus lemanensis*, fue encontrado en depósitos de Saint-Gérard-le-Puy, Francia, y se remonta al Oligoceno, hace 30 mda. El *Proailurus* tenía más dientes que los felinos actuales y una alzada de 38 cm, la mitad de la altura de un leopardo macho en plenitud. Su esqueleto sugiere que era similar en forma a la actual fosa de Madagascar y, aunque un poco más grande, tal vez era igual de experto en trepar y saltar de rama en rama. En el Nuevo Mundo el felino más antiguo conocido es un proailurino, encontrado en depósitos del Mioceno en Nebraska, de hace unos 16 mda. El probable descendiente del *Proailurus* del Mioceno fue el *Pseudaelurus* —felino del tamaño de un lince grande—, que apareció hace alrededor de 20 mda. Se piensa que el *Pseudaelurus* es el antepasado de las especies de felinos verdaderos modernos, actuales y fósiles, de dientes cónicos, y de la ahora extinta especie de los dientes de sable, denominados macairodontes. La mayor parte de los félidos conocidos se remontan apenas a los últimos 10 mda, aunque no tenemos ninguna idea clara de la ascendencia inmediata de las especies actuales ni del patrón preciso de relaciones entre ellas.

Las especies que se separaron por mucho tiempo presentan una mayor divergencia en su ADN, y con base en ello Stephen O'Brien y sus colaboradores dividieron inicialmente la familia de los felinos en tres linajes distintos. Hace unos 12 mda las siete especies de los pequeños felinos sudamericanos, como el margay y el ocelote, se dividieron en ramas, y entre 8 y 10 mda surgió el linaje de los gatos monteses (del cual evolucionó el gato doméstico), dando lugar a seis especies. Por último, hace 4 o 6 mda surgió el linaje *Panthera*. Entre sus 24 especies se cuentan miembros de las subfamilias *Felinae* y *Pantherinae*. Este grupo ostenta un

conjunto de felinos medianos y grandes, junto con miembros del género *Panthera* —león, tigre, leopardo y jaguar, a los que suele llamarse grandes felinos— así como dos especies fósiles: *Panthera gombaszoegensis* (jaguar europeo) y *P. shaubi* (felino del tamaño de un leopardo pequeño o de un lince muy grande). El desarrollo más reciente en este grupo ocurrió hace 1.8 a 3.8 mda, y produjo una división

Más de 200 000 cebras migran a lo largo del ecosistema del Mara-Serengueti, y a menudo son las primeras en llegar a los pastizales al final de la temporada de lluvias. Pueden asestar coces potencialmente mortales y aplastar el cráneo de un león o romperle la mandíbula.

entre los linces y los grandes felinos del género *Panthera*.

Tal era el estado de nuestro conocimiento hace una década. Pero la información más reciente recopilada en el sobresaliente libro de consulta de Mel y Fiona Sunquist, *Wild Cats of the World* [Los felinos salvajes del mundo], apunta a ocho grandes linajes de felinos en vez de tres. El de los gatos domésticos y el de

los felinos pequeños de América del Sur se mantienen igual, mientras que el linaje *Panthera* ha sido objeto de mayores revisiones y ahora comprende sólo seis especies: jaguar, tigre, león, leopardo, onza y leopardo nebuloso. De ellos el leopardo nebuloso fue el primero en separarse de la línea ancestral, seguido por la onza, y los últimos en hacerlo fueron el león, el tigre, el jaguar y el leopardo, cuya separación es

más reciente, de hace 2 o 3 mda. Las restantes 18 especies se reclasificaron en otros cinco grandes linajes, y los orígenes del serval, el gato jaspeado, el gato rojizo y el manul quedaron en el misterio. El puma y el estrechamente relacionado yaguarundí están agrupados con el guepardo. Las pruebas fósiles demuestran que había guepardos en América del Norte hasta hace 2 o 3 mda, y se piensa que se apartaron

Los babuinos pequeños empiezan a montarse como *jockeys* desde que tienen cinco semanas. El pelaje negro con que nacen se convierte gradualmente en un marrón claro uniforme cuando llegan a los seis meses de edad.

de su antepasado común hace 8.25 mda. El gato leopardo, el gato pescador y el de cabeza plana del sureste de Asia, estrechamente emparentados, se separaron de un antepasado común hace apenas 3.95 mda, lo que los hace uno de los linajes más recientes. El lince de Eurasia y Canadá comparten un predecesor más antiguo con el rojo, y forman un linaje distinto con el lince ibérico. El lince del desierto o caracal y el gato dorado africano tienen un antepasado común de hace 4.85 mda, lo cual es suficiente para asegurar su propio linaje. El linaje del gato bayo también comprende sólo dos especies, el gato bayo y el dorado asiático, que se cree se separaron de un antepasado común hace 4.9 a 5.3 millones de años.

Parece extraño pensar que hubiera alguna vez leones, leopardos, jaguares y guepardos en Europa; el guepardo fue el primero en aparecer en registros fósiles de hace unos 2.1 mda en Francia. El jaguar europeo se registró en Italia hace aproximadamente 1.6 mda, y está especialmente bien representado en depósitos del Pleistoceno medio, en Inglaterra, en un sitio de Westbury-Sub-Mendip, justo al sur de Bristol, sede de la Unidad de Historia Natural de la BBC. Según parece, era un animal más grande que el jaguar del Nuevo Mundo, *Panthera onca*. El leopardo hace su primera aparición en registros fósiles en Europa hace unos 0.9 mda en Vallonnet, al sur de Francia, aunque el único lugar en que está bien representado es la cueva italiana de Equi. Este remendado registro fósil quizá tenga más que ver con la naturaleza solitaria y sigilosa del leopardo que con una representación precisa de su distribución y abundancia.

En alguna época el leopardo habitó un área equivalente en dimensiones a la que ocuparon juntos los tigres y leones, aunque no parece que haya pasado a América del Norte, donde otra especie sigilosa y solitaria, el puma, *Puma concolor*, intermedio en tamaño entre el leopardo y el jaguar, ocupa el mismo nicho ecológico. En Europa, el león aparece primero en Isernia, Italia, hace unos 0.7 mda, y luego se vuelve muy común en la mayor parte del continente.

Por mucho tiempo se creyó que un antepasado parecido al jaguar del género *Panthera* evolucionó hace unos 2 mda en Eurasia y se dispersó por África, Europa, sur y norte de Asia y América del Norte, originando luego las especies actuales. Una posibilidad es que el leopardo ancestral se haya extinguido en todo el mundo menos en África, y que luego el leopardo moderno se distribuyera otra vez fuera de África. Pero los restos fósiles de leopardos y leones encontrados en el famoso sitio arqueológico de Laetoli, Tanzania, donde Mary Leakey descubrió antiguas huellas humanas, se remontan a 3.5 mda, lo que apunta a un origen africano, y ciertamente en las sabanas poco arboladas de África oriental de hace 2 mda el leopardo habría contado entre sus presas a los homínidos australopitecinos. John Cavalo, quien estudió a los leopardos en el Serengueti en la década de 1980, cree que si bien en efecto los leopardos eran depredadores de nuestros primeros antepasados, éstos sin duda no titubearon en trepar a los árboles para alimentarse de los restos de carne y médula animal del almacén del leopardo. Existen pruebas fósiles de África del Sur de que los leopardos depredaron tanto a los primeros homínidos como a los babuinos hace 1 a 2 mda. Hay un cráneo fósil de un australopitecino joven que muestra dos agujeros pequeños que empatan con los caninos inferiores de un cráneo de leopardo encontrado en el mismo sitio.

Antiguo y aislado, el continente africano de hace aproximadamente 3.2 mda ofrecía un rico mosaico de hábitats, lo que permitía que la mayoría de las especies sobreviviera a los cambios del entorno. En cambio, en Europa, Asia y América del Norte las cambiantes condiciones climáticas tuvieron un notable efecto en la flora y fauna nativas, cosa que condujo a la extinción de muchas especies. En algún momento evolucionó el antepasado desconocido de los felinos panterinos más grandes. Debió poseer tanto la fuerza como la destreza para perseguir y ser más ágil que grandes presas como los ñus y las cebras —criaturas demasiado ágiles para los dientes de sable y demasiado fuertes para los panterinos pequeños—. En sitios fósiles se encuentran varios carnívoros modernos, primero en África oriental y luego en la del sur, entre ellos leones, leopardos, guepardos y hienas manchadas. Durante los dos siguientes millones de años, estas especies convivieron con el antiguo orden de los felinos dientes de sable y los pseudofelinos dientes de sable (Homotherium, Megantereon y Dinofelis), tiempo durante el cual las selvas y los bosques de África oriental se transformaron en terrenos de malezas y sabana, y el Desierto del Sahara se volvió una característica permanente.

Por un tiempo los felinos dientes de sable y los panterinos de peso mediano fueron capaces de encontrar suficiente caza para alimentarse, pero hace 1.5 mda el clima africano empezó a ser más frío y desaparecieron los megaherbívoros de los que dependían los dientes de sable. Conforme menguaron sus presas y la competencia con el hombre se volvió más intensa, estos felinos desaparecieron. Era

el turno de los panterinos para dominar en la jerarquía de los depredadores, con felinos grandes y ágiles a la cabeza, como el león, que puede correr a 60 kph y pesar hasta 200 kg. Desapareció la dentición que había tenido tanto éxito en la era de los enormes herbívoros de gruesa piel, como el mamut y el rinoceronte. En vez de hacer grandes cortes y herir a las presas con caninos en forma de puñales, leones, leopardos y guepardos las estrangulaban apretando sus mandíbulas sobre la garganta o, en el caso de los leones, mordiendo el hocico y la nariz de presas grandes —como el búfalo— para asfixiarlas. De los panterinos modernos, el leopardo nebuloso (que no es un leopardo) del sureste de Asia, que pesa hasta 30 kg y es del tamaño de un leopardo pequeño, es el único felino vivo cuyos dientes podrían rivalizar de algún modo con los del dientes de sable. Tiene caninos que miden hasta 44 mm, con los que mata cerdos salvajes. Se piensa que el leopardo nebuloso es un eslabón evolutivo entre los felinos grandes y los más pequeños, aunque se sabe poco sobre estos solitarios carnívoros. Su destreza para trepar podría incluso avergonzar al ágil leopardo; las articulaciones de sus tobillos pueden girar, lo que le permite trepar debajo de las ramas de los árboles, colgarse de las patas

traseras y descender con la cabeza primero, mientras que el leopardo se ve obligado a veces a bajar con la cabeza hacia arriba si el tronco de un árbol es alto y vertical. A los leopardos nebulosos se les caza por su piel característica, sus grandes dientes e incluso por sus huesos, a los que algunos les atribuyen propiedades curativas; como muchos felinos moteados del mundo, está amenazado por las actividades humanas.

Las migraciones humanas de África a Europa y luego a todo el mundo se reflejaron en los patrones de dispersión de leones, leopardos y hienas. Los antepasados de los seres humanos seguramente compitieron con estos depredadores por alimento, y a veces quizá comieron los restos de sus víctimas. Pero cuando apareció nuestro género *Homo*, los seres humanos empezaron a dominar a los demás en una forma nunca antes vista, cazando y pillando en grupos. El desarrollo de armas para proteger nuestros débiles cuerpos —primero garrotes de madera y huesos, luego lanzas y flechas envenenadas y, para acabar, armas de fuego— significó el principio del fin de los grandes depredadores; pero el sigiloso leopardo ha sobrevivido al tremendo ataque humano mejor que la mayoría.

Media Cola (antes de que la perdiera) lleva una gacela de Thomson macho a su refugio.

El esquivo leopardo

La MERA MENCIÓN de la palabra leopardo inspira en nuestra mente un felino que se mantiene oculto, la reticente estrella del espectáculo cuyo atractivo se ve magnificado por su deseo de permanecer en las sombras. No es un azar que porte un pelaje cubierto de manchas y rosetas, eso le permite fusionarse con la copa de los árboles entre la luz del Sol y las sombras. Es una cuestión de supervivencia. Los leopardos están hechos para ser invisibles tanto para sus enemigos como para sus presas. Deben valerse de la mayor precaución al acechar a distancia a su presa, antes de una corta persecución y de abalanzarse sobre ella, para acabar oprimiendo con sus largos caninos la garganta de su víctima. Al leopardo que se deje ver lo matará un buscador de trofeos o un cazador furtivo; el que revele su escondrijo pierde la oportunidad de atrapar a su presa, y se arriesga a entrar en conflicto con leones y hienas. Hay pocas cosas que un leopardo no considere un alimento potencial, por lo que suele despertar llamados de alarma en todas direcciones cuando anda por ahí, para advertir a todas las criaturas del vecindario que deben estar alertas. Así que a nadie ha de sorprender que los leopardos prefieran mantenerse ocultos la mayor parte del tiempo.

Puedo recordar cómo hace años pretendí localizar a un leopardo que se escabullía de la base de una higuera, donde había estado tratando de extraer el estómago de un impala recién cazado para levantarlo y ponerlo a resguardo. Seguí conduciendo una corta distancia y luego me detuve con la esperanza de que reapareciera, escudriñando entre los arbustos con mis binoculares. Pero por más que lo intenté no pude verlo, hasta que me di cuenta de que estaba agazapado a sólo un metro de mi coche, oculto en un enredo de hierba y ramas espinosas. Ahí yacía, vigilante, apenas visible, con sus ojos verde claro —¿o eran amarillos?— fijos en mi vehículo, confiado en que no lo veía si permanecía inmóvil. Con cautela di marcha atrás, luego me senté y miré a través de mis binoculares a una distancia de 100 m o más. Poco a poco el leopardo se relajó, después se arrastró hacia atrás como serpiente, hacia el impala, y siguió arrancando la piel del cadáver. Estuve ahí todo el día, absteniéndome de desayunar y almorzar, esperando ver al leopardo encaramar a su presa antes de que el agudo olfato de las hienas captara el aroma de la carne fresca. En esos días nada era más importante para mí que pasar el tiempo con un leopardo.

Cuando en 1974 Norman Myers publicó su informe sobre los felinos moteados y el tráfico

Media Cola mira inquieta en torno suyo mientras trata de esconder un impala macho recién cazado, el cual pesa mucho más que ella. Las hienas le robaron la pieza antes de que pudiera transportarla a un árbol.

Zawadi descansa en una de sus higueras favoritas. No todos los leopardos pasan mucho tiempo sobre los árboles, pero Zawadi busca invariablemente una rama adecuada para descansar al mediodía.

de pieles, señaló que el leopardo todavía era abundante en sólo cinco de los 40 y tantos territorios del sur del Sahara, y se mantenía en otros 15. Un año después, Cynthia Moss publicó un libro llamado *Portraits in the Wild: Animal Behaviour in East Africa* [Retratos de la vida salvaje: Conducta animal en África oriental], relato muy ameno de los hallazgos de biólogos de campo, que ofrecía una imagen actualizada de la organización social, conducta y ecología general de cada especie. Era el libro que yo necesitaba entonces, en mi condición de guía-conductor en el Mara River Camp. En la sección de los grandes felinos de África, los leones ocupaban 28 páginas, los guepardos 21 y los leopardos apenas 13, con lo que se destacaba cuán poco se sabía acerca de ellos en esa época. De hecho, no se contaba con ningún artículo científico publicado que tratara exclusivamente sobre la ecología o la conducta de los leopardos de África que vivían en libertad. El único libro que podía encontrar destinado por entero a los leopardos era *The Leopard*, de Turnbull-Kemp, aparecido en 1960, que presentaba interesantes datos sobre la historia del leopardo, sus formas de caza, su historial de devorador de seres

humanos y en cautiverio. Pero contenía poca información sobre la conducta de los leopardos salvajes; simplemente no se disponía de ninguna.

En esa época, el Serengueti era el único parque o reserva en África donde podían observarse los leopardos sin la ayuda de cebos plantados con luz artificial. George Schaller, quien estudió a los leones del Serengueti de 1966 a 1969, observó a los leopardos siempre que pudo, pero aunque varios leopardos de su área de estudio toleraban los vehículos, se metían en sus refugios en cuanto éstos se desplazaban, cosa que hacía difícil mirarlos o seguirlos. Por esa razón, Ted Bailey decidió emplear la relativamente nueva técnica de la radiotelemetría para seguir con regularidad la pista de los leopardos en el Parque Nacional de Kruger, Sudáfrica.

La gran ventaja de la radiotelemetría radica en que uno puede estudiar aspectos de la conducta y ecología de especies tímidas y esquivas en su hábitat natural sin tener que verlas. Bailey fue uno de los pioneros de la radiotelemetría en la década de 1960, cuando se usó para seguir la pista de leones americanos

y gatos monteses en Idaho, Estados Unidos, a fin de documentar el territorialismo y su función en la regulación de estas poblaciones. Primero Bailey debía capturar a los leopardos utilizando trampas en forma de cajas de metal con una sola puerta corrediza. Éstas tenían que colocarse en árboles, a una altura de 1 a 3 m, para evitar que entraran en ellas hienas o leones. Las trampas contenían como carnada porciones de cadáveres obtenidos en las operaciones de selección anuales, que es parte de la política de administración del Kruger para regular el número de búfalos, elefantes, hipopótamos e impalas. La trampa se cerraba cuando un animal pisaba un disparador ubicado en el fondo de la jaula que hacía que se deslizara y cerrara la puerta.

Bailey descubrió que los leopardos preferían los bosques ribereños y los hábitats monteses, de modo que los ríos estacionales eran ideales porque atraían presas y brindaban refugio. La mejor ubicación de las trampas resultó ser a orillas de los ríos, cerca de corrientes afluentes o a lo largo de los caminos que sirven de barreras contra incendios. A los leopardos les resultaba más difícil capturar presas en la temporada

Chui con Claro y Oscuro. Los leopardos usan la parte inferior blanca de su cola como señal. Una madre leopardo a menudo mantiene su cola enroscada hacia arriba cuando se desplaza con sus cachorros, con lo que les facilita seguirla.

seca, cuando había menos vegetación, cosa que elevaba las posibilidades de que intentaran obtener la carne de las trampas. Durante la segunda mitad de la temporada húmeda (enero y febrero), cuando son abundantes las presas recién nacidas, mostraban menos interés por las trampas.

Las madres con cachorros dependientes eran muy cautelosas y Bailey nunca capturó ninguna. Otras hembras atrapadas por primera vez se mostraban más dispuestas que los machos a escapar o atacar cuando se les acercaban, y en general eran más agresivas y rugían más.

Una vez atrapado el leopardo, se le inyectaba un anestésico y luego se le colocaba un collar del tamaño suficiente para alojar un aparato de radio, baterías y una antena; todo ello pesaba sólo de 565 a 680 g. Cada animal era pesado y medido, y se les colocaban collares y aretes de identificación; luego eran puestos en libertad y se registraban sus movimientos diarios y sus presas. Algunas personas se oponían a ver animales con collares y aretes en las orejas, objetando lo que consideraban una interferencia innecesaria en la vida de criaturas salvajes dentro de un área protegida. Pero en aquellos

días había pocas opciones para los científicos que deseaban descubrir cómo se las arreglaban los leopardos para sobrevivir en libertad.

El alcance de los radiotransmisores ha mejorado con el paso de los años; dependiendo del terreno la señal puede ser escuchada en audífonos a varios kilómetros de distancia, y hasta a unos 65 km desde el aire; el desarrollo de los collares satelitales ha abierto un nuevo mundo a los científicos. Pero en la década de 1970 la recepción radial no era más que de 1.5 a 2.5 km desde un vehículo y de 15 km desde el aire, y la mayor parte de las recepciones se captaban en un radio de 1 a 2 km. Los collares funcionaban entre seis meses y un año, mientras que las baterías de hoy duran hasta tres años. En el curso de su estudio de dos años, Bailey recorrió en sus vehículos 54 475 km en su búsqueda de leopardos, con un promedio de 2 270 km al mes.

Las primeras preguntas de Bailey fueron cómo se distribuían el espacio los leopardos y qué tamaño de área necesitaban. También quería determinar la frecuencia con que mataban presas grandes, su impacto general en las poblaciones de éstas y el número de impalas

necesario para mantener una población dada (pues se sabía que los impalas eran la presa principal del leopardo en el Kruger). Capturó un total de 30 leopardos y pudo determinar su localización por telemetría en 2 500 ocasiones, aunque en realidad sólo los vio 100 veces. Las cosas se complicaban por el hecho de que durante el día los leopardos no suelen hacer más que descansar a la peculiar manera de los felinos, indiferentes, reposando en un árbol o bajo un arbusto, enroscándose en el oscuro hueco de una cueva, o estirados, con los ojos bien cerrados y la barbilla sobre sus patas delanteras, al parecer ajenos a lo que pasa en su entorno. Como yo habría de descubrir, la mejor oportunidad de registrar el comportamiento de un leopardo es encontrar una hembra con cachorros adaptada a un lugar, cuando la actividad diurna es mucho más común.

Mientras Bailey ponía radio collares a los leopardos en el Kruger, Patrick Hamilton, joven licenciado de la Universidad de Nairobi, trataba de responder el mismo tipo de preguntas en el Parque Nacional de Tsavo Occidental, Kenia. Hamilton empleó a un ex cazador furtivo convertido en rastreador, precisamente en la unidad anticaza furtiva, para que le ayudara a localizar leopardos. Elui Nthengi podía encontrar un leopardo donde nadie más lo intentaría; podía seguir un rastro que nadie más podría siquiera discernir entre afloramientos rocosos y lechos de río secos en Tsavo. Con sólo ver una huella, podía determinar la edad y sexo de un leopardo y decir hacía cuánto había pasado por ahí y en qué dirección iba. Elui conocía los hábitos de las criaturas salvajes tan bien que incluso se aventuraba a conjeturar qué es lo que iba a hacer a continuación: dirigirse a su charca o lugar de descanso favoritos o seguir la pista de una presa.

Hamilton y Elui recorrieron los 250 km² del área de estudio y eligieron los mejores sitios para colocar la carnada que atraería a los leopardos. Una vez que un leopardo comenzaba a comer, movían la carnada y lo hacían entrar en una trampa consistente en una gran caja de metal. Ya capturado el leopardo, lo metían en una caja de madera cuyo diseño permitía inyectarle una droga inmovilizadora. Hamilton

Media Cola. Los leopardos suelen marcar con su olor los árboles caídos, afloramientos rocosos y arbustos. Primero "leen" los mensajes dejados por otros leopardos y sobre ellos ponen su propia marca de olor.

tomaba cuidadosamente la cola del animal y la extraía lo suficiente de la caja para inyectarlo en ella en vez de tratar de hacerlo en los cuartos traseros u hombros. A los 15 minutos el leopardo estaba lo bastante adormecido para sacarlo de la caja y ponerle su collar. Se tomaban fotografías de su patrón de manchas y se le hacían diversas mediciones. Luego lo vigilaban hasta que se recuperaba por completo con el fin de evitar que otros depredadores lo atacaran e hirieran.

En una ocasión Hamilton tuvo siete leopardos distintos con radio collares transmitiendo cada uno en una frecuencia diferente. Pero aunque podía seguirles la pista con una antena montada en su Land-Rover, rara vez los veía; los leopardos del Tsavo parecen ser mucho más recelosos que los del Kruger, quizá porque están expuestos a menos visitantes. De los 12 leopardos que atrapó Hamilton, sólo uno era hembra, aunque vio a varias en el área de estudio. Como Bailey, Hamilton encontró que las hembras eran mucho más precavidas que los machos, y nunca vio un cachorro. De hecho, los leopardos eran tan recelosos que Hamilton registró muy poco sobre su comportamiento durante su estudio de dos años y medio. Sin embargo, pudo trazar sus movimientos en un mapa y determinar qué tan lejos iban y la extensión en que vivían: su territorio.

Ambos científicos observaron un patrón similar en la forma en que machos y hembras dividen un área y la usan. Parecía haber cierta flexibilidad en el sistema. La extensión de su territorio variaba con las estaciones dependiendo de la disponibilidad de presas y de lo que estén haciendo otros leopardos del área. Y se mantenía mediante formas sutiles de comunicación, como marcas de olor, arañazos en el suelo, marcas de garras en los árboles o sonidos.

Como la mayor parte de los felinos, son solitarios y procuran evitarse cuando son adultos, de modo que mucha de la información que se transmiten entre sí es mediante comunicación a distancia. Es probable que las marcas de olor sean el medio más importante, pues dejan mensajes que duran más que la emisión de sonidos. Es sumamente económico

Los leopardos machos y hembras marcan su territorio rociando su orina, con la cola en alto, sobre un sitio prominente donde fijar su olor.

en el sentido de que puede durar días, semanas y hasta meses, y deja un claro mensaje sin tener que entregarlo frente a frente, con el riesgo de conflicto que ello implicaría. Si bien no podemos asegurar exactamente qué dice un mensaje a su receptor, es probable que ayude a identificar a los individuos, a indicar qué tan recientemente estuvieron ahí, si eran jóvenes o viejos, machos o hembras y si una hembra está en celo. Algo muy interesante es que el aroma de un gran macho no parecía disuadir demasiado a los machos jóvenes, quizá porque eran sus hijos o porque no estaban sexualmente activos, o ambas cosas y, por tanto, era improbable que los considerara una amenaza.

Todos los leopardos parecen atraídos por el mismo tipo de prominencias que les sirven para dejar marcas de olor: arbustos, tocones de árboles, ramas salientes y rocas grandes en donde olfatean signos de olor antes de

marcarlos. Dejar su aroma no sólo ayuda a transmitir información a otros leopardos, también tiene la importante función de hacerles sentir que están en casa. Mientras escribía estas líneas en mi estudio, observé a nuestro gato Geronimo examinar un nuevo objeto: una delgada caja de más de dos metros de largo que contiene una pantalla para la proyección de diapositivas. La recorrió de arriba a abajo olisqueándola, restregando su cara a todo su largo y prestando especial atención a sus extremos punteados: sitios perfectos para oler signos de aromas o para marcarlos con sus glándulas situadas en las comisuras de la boca. De no haber estado castrado, también la habría rociado. Es como si hubiera dicho: "Ningún otro gato ha estado por aquí. ¡Bueno! Dejaré mi aroma y haré de esto una nueva característica de mi casa". Todos los felinos se familiarizan de este modo con los objetos de su área —sean

Zawadi se relaja sobre una higuera gigante desde donde se ve el Desfiladero de los Leopardos, la comarca perfecta para ellos.

Éste es uno de sus lugares preferidos diurnos de descanso, pues desde ahí tiene una vista completa del área circundante.

cajas o árboles caídos—, incorporándolos a su mapa espacial. La familiaridad les da un sentido de bienestar que es probablemente un prerrequisito para su reproducción.

El llamado es otro importante modo con el que los leopardos se anuncian. En el Kruger los machos adultos se llaman de noche después de poner sus marcas de olor y señales hechas con las garras, y arañan con las patas traseras para dejar una marca visible en la tierra, valiéndose así de todo medio disponible para dar a conocer su presencia. Los leopardos hacen su llamado estando en su territorio y a veces cuando se desplazan. Sobre un terreno plano y densamente poblado de hierba en la temporada húmeda el llamado de un leopardo puede oírse a no más de 1 km, pero en la estación seca en una colina con pocas plantas por encima del río Sand podría escucharse a una distancia tres veces mayor. Según el estudio de Bailey, el patrón de los llamados era variado: las hembras hacían más sonidos por llamado, más llamados por periodo y los intervalos entre éstos eran más largos, con periodos de llamados totales más prolongados. La mayoría de los llamados ocurrían alrededor del alba y el atardecer; parecían estar señalando su presencia al principio de su actividad nocturna, justo antes de comenzar su merodeo, y de nuevo cuando se detenían para descansar por el resto del día, a pesar de que se habían dejado escuchar a todas horas. No ha de sorprender que los leopardos no llamaran cerca de sus madrigueras o de los sitios de sus matanzas —ubicaciones que querían mantener en secreto—, sino que lo hacían más a menudo cuando recorrían caminos muy transitados, como los que constituyen barreras contra incendios, donde podían esperar encontrarse con el animal dominante del territorio adyacente o con otro leopardo que pasara por el área. A las hienas les atrae el llamado de un leopardo y pueden investigar y hasta seguir a uno para aprovecharse de sus presas, otra buena razón para no hacer llamados en el sitio de una matanza o en su madriguera.

Al escuchar un llamado, un leopardo puede reaccionar uniéndose a su emisor, ignorándolo, evitándolo o respondiéndole. Las hembras llaman más a menudo cuando están en celo, y cuando buscan una pareja pueden desplazarse inmediatamente en dirección del llamado del macho. En el Kruger, los leopardos llamaban con mayor frecuencia entre abril y junio (la estación seca), y en menor medida entre agosto y enero (la temporada de lluvias). Esto parecía deberse a cambios estacionales en su ambiente. Es probable que los llamados se prolonguen más durante la temporada seca, cuando la vegetación está en su mínimo, y las marcas de olor deben ser más penetrantes durante la estación húmeda, cuando el alto nivel de humedad reduce la evaporación de los aromas. Por tanto, los leopardos llamaban con más frecuencia cuando había pocas marcas de olor y dejaban éstas con más frecuencia cuando los llamados eran menos. Como los leopardos son criaturas esquivas y furtivas, los llamados ayudan a evitar encuentros inesperados, al actuar como un sistema de alerta que les permite mantenerse alejados, y probablemente es significativo que los leopardos adultos pasen la mayor parte de su tiempo apartados por una distancia de entre 1 y 3 km, que es el alcance que tienen los llamados.

En ocasiones los leopardos machos "hacen duetos" en los que ambas partes se llaman y contestan, que suelen terminar en que uno de ellos se aparta para evitar una confrontación. Bailey nunca escuchó llamar a machos subadultos, aunque son capaces de hacerlo cuando alcanzan un año y medio de edad. Los machos jóvenes saben el paradero de los machos territoriales al escuchar sus llamados, y hacen lo necesario para evitarlos. A esa edad aún no están listos para participar en una contienda territorial, así que tienden a mantener un perfil bajo; a los adultos residentes les resulta difícil saber dónde están los subadultos si no recurren al llamado o al marcaje con olores. Las hembras jóvenes no empiezan a hacer llamados hasta que tienen de 24 a 30 meses de edad y están preparadas para el apareamiento.

Hamilton descubrió que los leopardos machos adultos tenían amplios territorios, en promedio de 36 km^2 y que oscilaban entre 18 y 63 km^2, mientras que en el Kruger, Bailey encontró que el territorio promedio de los machos en dos zonas de hábitat era de 28 y 76 km^2, respectivamente. La única hembra a la

Chui se refugia entre los matorrales de crotón del *lugga* de Dik-Dik. Estas corrientes de agua estacionales son un escondrijo ideal para que un leopardo cace o para una madre con cachorros pequeños.

que Hamilton logró instalarle un radio collar ocupaba un territorio de 16 km², cifra muy similar a las encontradas por Bailey: la extensión territorial de la única hembra con radio collar en una de sus áreas de estudio fue de 18 km², mientras que el territorio de las cuatro hembras de la otra área promedió 15 km². Las cifras en el caso de los machos y hembras del Mara-Serengueti son similares, aunque en algunas partes de África donde escasean las presas las extensiones territoriales pueden ser de más de 450 km².

De acuerdo con el estudio de Bailey, no sólo los territorios de los leopardos machos adultos eran mucho más grandes que los de las hembras; solían superponerse las extensiones territoriales de una a seis hembras. Los machos parecían tratar de mantener tanto territorio como pudieran defender contra otros machos, con lo que podrían aparearse con tantas hembras como fuera posible. Para lograrlo, un macho debe disuadir a otros de establecerse en el área, y pelearán si es necesario. Sin embargo, con frecuencia existe cierta superposición en torno a las fronteras de los territorios de los machos, lo que les permite alcanzar altas

densidades donde hay suficientes presas para dar sustento a todos.

Los leopardos hembras pasan la mayor parte de su vida adulta embarazadas o acompañadas por cachorros que dependen de ellas, aunque en ocasiones los dejan a la buena de Dios. Sus necesidades primarias son un abasto confiable de alimento, y varias guaridas seguras donde dejar a sus cachorritos cuando están lejos cazando. Ello no siempre quiere decir que excluyan a otras hembras adultas de su área. De hecho los límites territoriales de muchas parecen traslaparse en mayor o menor grado, aunque no porque sean más sociables que los machos; en general, evitan a otros adultos, independientemente del sexo. Evitar una extensión territorial ocupada por otro adulto reduce la competencia por el alimento. Si los leopardos compartieran sus cotos de caza, encontrarían que la presa estaría escondida o en estado de máxima alerta, y un número excesivo de leopardos cazando en la misma área disminuiría la oportunidad de obtener alimento.

Los impalas son la presa más común de los leopardos en Tsavo, el Kruger y buena parte del Mara-Serengueti. Pero los leopardos del parque

Tsavo también se abastecían de dik-diks [especie de pequeños antílopes], liebres, damanes y varios tipos de aves de caza, como la gallina de Guinea y los francolines. Tendían a comer sobre el suelo en vez de subir a sus presas a las copas de los árboles, sin duda porque había menos probabilidad de interferencia de leones y hienas, que son menos numerosos que en el Mara-Serengueti. Como los leopardos de todas partes, los del Tsavo fácilmente mataban y comían otros depredadores: chacales, servales, zorros orejones, caracales, gatos monteses, civetas y jinetas figuran en su menú.

Unos años después de que llegué al Mara, un productor estadounidense de televisión me mostró material filmado sobre el estudio de Ted Bailey. Había imágenes extraordinarias de cómo capturaban leopardos y les instalaban radio collares, y una escena permanece fija en mi mente: un leopardo que salta al suelo, y luego, brincando hacia atrás en el aire, ataca la jaula, como si dijera: "¡Toma esto!" Bailey describe el incidente en su libro *The African Leopard* [El leopardo africano]:

Una vez una hembra leopardo enfurecida pareció atacar al momento de liberarla. Cuando se abrió la puerta de la trampa, atacó la puerta levantada, mordiendo y arañando, pero cayó al suelo desde una altura de 1 m. Luego se levantó de un salto de 2 m sobre la trampa, arañó y mordió la puerta de nuevo y se abalanzó hacia un vehículo que estaba cerca. Cuando estaba como a 3 m, sin embargo, escapó hacia la espesura próxima.

Fue un convincente recordatorio de cuán peligroso puede ser un leopardo acorralado: mucho más agresivo e impredecible que un león, siempre dispuesto a defenderse y preparado para atacar a la menor provocación.

Una vez que uno empieza a comprender lo que es importante para un leopardo —los requerimientos básicos de su vida— es más fácil saber dónde iniciar su búsqueda. Ahora sé que las áreas preferidas por un leopardo deben ofrecer buenos sitios para ocultarse, como un afloramiento rocoso y un paraje montuoso, en los cuales puede desaparecer de la vista ante el peligro. En el Mara, los leopardos a menudo cazan siguiendo las corrientes de agua intermitentes, o *luggas*, que atraen presas a las charcas, donde las hojas verdes y anaranjadas de los matorrales de crotón proporcionan el escondrijo perfecto; aunque, como en todas partes, el tamaño de su extensión territorial varía de acuerdo con la naturaleza del terreno y con cuántas presas pueda éste sostener. Un momento decisivo en mi búsqueda de un

leopardo ocurrió cuando supe de un lugar llamado el Desfiladero de los Leopardos.

No estoy seguro de quién le dio al desfiladero su nombre. Quizá fue Joseph Rotich, guía kipsigis (grupo tribal de Kenia) de Mara River Camp, quien fuera mi mentor en todo lo concerniente a los leopardos y me enseñó a encontrar con seguridad mi camino al campamento cada noche. Joseph era el guardián de los secretos. Él sabía exactamente qué tipo de parajes preferían los leopardos y dónde

buscarlos en una época en que el más breve vislumbre de uno era la recompensa de horas —incluso semanas— de búsqueda. Joseph era el Bwana Chui —Señor Leopardo— y es difícil describir el renombre que por ello se ganó entre los demás conductores. Cuando él estaba en nuestra área, era un buen día. Siempre tenía algo nuevo que compartir. Para mí Joseph era un sabio, depositario del tipo de conocimiento que no se encuentra en los libros que yo leía, en los áridos artículos científicos que detallaban

El bosque de acacias que rodea la Colina de las Higueras y el Desfiladero de los Leopardos son el paraje perfecto para éstos. Una serie de luggas lo divide en bloques, lo que constituye un laberinto de refugios y rutas de escape, con muchos árboles a los que un leopardo puede trepar cuando lo confrontan leones. En otras zonas del Mara hay arboledas similares, pero ninguna tiene tanto carácter como los riscos rocosos de la Colina de las Higueras y la disposición tipo fortaleza del Desfiladero de los Leopardos. El desfiladero mismo está oculto de la vista: una estrecha hendidura en una ladera más allá de la colina. Está tan bien oculto que uno se da cuenta de que está allí sólo al estar encima de él. Desde ahí se tiene una amplitud de visión ininterrumpida de 360 grados de todo el Mara. Hacia el sur puede verse todo el pantano de Musiara, y con unos buenos binoculares se puede divisar las formas doradas de los leones descansando sobre un montículo de termitas. Hacia el norte nuestra mirada puede vagar por el lugga del Leopardo y por

encima de la pendiente hacia el Gran Bosque y los Matorrales de los Militares, sitio en que Media Cola pasó los últimos años de su vida. Hacia el este está la extensión norte del lugga de Bila Shaka y la Colina de Observación, y más al este aún está Mara Buffalo Rocks, fortaleza rocosa que es otro de los sitios predilectos de los leopardos. Tras cruzar el río hacia el oeste se ve el agudo perfil azul de la Escarpadura de Siria, donde Angie y yo nos casamos, franja escarpada de terreno que baja hasta el Serengueti, cubierta de antiguas higueras y cortada en dos partes por valles con espesos bosques donde a veces acampan los cazadores furtivos que comercian con carne.

Tras pasar la mayor parte del día a la sombra de esta higuera gigante desde donde puede verse el Desfiladero de los Leopardos, Zawadi se levanta y se estira al anochecer, preparándose para iniciar la caza nocturna.

Los masáis kisongo bailan el día de clausura de la ceremonia *Eunoto*, cuando los guerreros se rasuran la cabeza y se vuelven adultos jóvenes; tras esta ceremonia de iniciación, pueden casarse y poseer ganado.

el tamaño de los territorios de un leopardo o describían qué porcentaje de su dieta se basaba en los impalas. No, Joseph se ocupaba de las criaturas reales, de carne y hueso. Por muchos años fue conductor de los cineastas Alan y Joan Root, y conocía todos los rincones del Mara. Al igual que George Adamson —Bwana Simba o Señor León—, Joseph aprendió a pensar como los animales a los que seguía. No sólo conocía los mejores lugares para observar un leopardo al amanecer, también entendía su manera de reaccionar cuando un vehículo se les acercaba y estaba familiarizado con sus lugares favoritos para esconderse. Entendió, e hizo que yo me diera cuenta, que si quieres observar un leopardo, tienes que ser paciente, tan paciente como el propio leopardo.

El Desfiladero de los Leopardos y la elevación rocosa al oeste de él, conocida como Colina de las Higueras, se hallan más allá de los límites de la Reserva del Mara. Esas tierras pertenecen a los masáis, así como la reserva misma,

que el gobierno de Kenia mantiene como fideicomisario en su nombre. En la década de 1970, las tierras que rodean al Mara tenían un régimen de propiedad comunal, divididas en grandes grupos de fincas ganaderas que varias familias poseían en forma colectiva. Hoy todo eso ha cambiado. Los grupos de fincas se están subdividiendo y se entregan títulos de propiedad individual a la gente. A los conservacionistas les preocupa que parte de las tierras se vendan a agricultores y sean aradas, que la tierra se divida con bardas y que la vida salvaje del Mara desaparezca conforme los masáis adopten un modo de vida más sedentario. Si ello ocurre, como parece inevitable, los masáis perderán la oportunidad de capitalizar una de las mejores zonas para la observación de la vida salvaje en África; se destruirá un patrimonio inestimable a cambio de una miseria en comparación con su valor real.

Antaño, los leopardos que vivían en estas tierras norteñas de hecho se beneficiaban del

modo de vida pastoril de los masáis. Fuera de la reserva hay menos leones y hienas, pues ahí éstos tienen que competir con los pastores por el espacio vital, y mientras haya muchos impalas y gacelas de Thomson en el área, los leopardos tienen pocos motivos para cazar ganado.

El Desfiladero de los Leopardos y la Colina de las Higueras están en un área destinada a los safaris fotográficos, no para la caza de trofeos. Pero ello no impidió las matanzas en los malos tiempos. Los leopardos eran matados en forma ilegal por cazadores de trofeos sin escrúpulos, con la aprobación de funcionarios corruptos, y por cazadores furtivos dispuestos a sacar ganancias por otra piel moteada. Por eso no es extraño que me fuera tan difícil encontrar un leopardo cuando vine por primera vez a vivir al Mara River Camp. Por lo menos Joseph sabía dónde buscar. Me dijo que no había mejor lugar para empezar que el Desfiladero de los Leopardos y la Colina de las Higueras. Se trataba de una región muy distinta a la del pantano de Musiara y el *lugga* de Bila Shaka, donde buscábamos leones y es campo abierto, limitado por bosques pluviales al oeste y por llanuras ondulantes al este, cortado en dos por la estrecha e intermitente corriente de agua conocida como *lugga* de Bila Shaka, que recibe la sombra de los densos arbustos de crotón y de ocasionales árboles o arboledas. Ahí podía encontrarse invariablemente a los Leones del Pantano, rezumantes de la confianza que les da su tamaño y su número. En ocasiones —si se corría con suerte—, alguien podía ver un leopardo emboscado en la orilla arbolada de un río o en la parte más densa del *lugga*.

Pero si avanzábamos al norte más allá de la entrada del Musiara, la campiña cambiaba. Donde antes podía verse un depredador merodeando a un par de kilómetros o más, ahora el bosque lo rodeaba a uno, con un mosaico de densos matorrales de acacia y elegantes árboles del género *Eleaodendron*, que apenas nos permitían pasar en una Toyota Landcruiser, con las largas espinas rozando y arañando la pintura de ésta. Aquí había más árboles de todo tipo, higueras gigantes y árboles del género *Euphorbia* prendidos al borde de la Colina de las Higueras, así como kigelias de dulce aroma y flores carmesí —conocidos como árboles de las salchichas—, con sus enormes vainas color crema. Por la noche me recostaba en mi tienda soñando con el día en que pudiera encontrar un leopardo descansando en uno de estos árboles y tomarle fotografías. En ocasiones me despertaba con el estridente y distintivo llamado de un leopardo. Pero tuve que esperar seis años antes de poder satisfacer mi aspiración.

En nuestras caminatas hasta la Escarpadura de Siria, Angie y yo veíamos a menudo rastros recientes de leopardos: marcas profundas de garras en la corteza de un árbol o mechones de pelo arrancados a una presa antes de ser devorada. A veces me trepaba a una higuera y me recostaba sobre una gran rama, mirando hacia el Mara desde 300 m de altura, e imaginando que yo era el leopardo que había estado ahí, oliendo el aroma a almizcle que dejó en el tronco a su paso.

Supe por Joseph que varios leopardos compartían esa área. Encontrar uno era un regalo que Joseph podía ofrecer en un safari, los cuales pocas personas podían igualar en esos días. De hecho, los demás conductores lograban algo cuando Joseph estaba en la zona y lo seguían para averiguar qué había visto. Joseph guardaba con cuidado sus secretos. Si se enteraba de que un conductor no era respetuoso en su acercamiento a la vida salvaje, se reservaba su información. Pero si el conductor era respetuoso al hacer su trabajo, le contaba lo que había visto, advirtiéndole que debía ser *chunga*: cuidadoso de no perturbar al leopardo. Aborrecía ver un grupo de vehículos agobiando a cualquiera de los grandes felinos y nunca permitió que sus clientes hablaran en voz alta en su presencia. Joseph podía imponer silencio a la gente con sólo poner su dedo sobre sus labios, o con tocar la pierna de alguien que se asomara por la compuerta del techo del vehículo. Por su sola expresión, sabían que debían sentarse y quedarse quietos, que estar en presencia de un leopardo era algo especial y digno de respeto.

Me tardé en descubrir un camino seguro al Desfiladero de los Leopardos, pero llegó el momento en que pude reconocer el macizo de árboles que guardan su entrada occidental, lo cual era poco comparado con el logro de observar un leopardo. Entre tanto, Joseph me agasajaba con relatos de la hembra residente: una enorme leopardo con piel color roble bruñido. El macho cuyo territorio se superponía con el de ella era también un animal enorme: su cabeza era muy grande, característica de un leopardo macho adulto, con un hocico pronunciado como de perro y una gran papada en torno a su garganta. Se le podía reconocer de inmediato debido a su opaco ojo nublado. Esto le daba un aspecto especialmente fiero, que se sumaba a su presencia y magnificaba la intensa mirada de su ojo bueno. Lo vi pocas veces, pero era lo único que uno podía esperar en aquellos días, un breve atisbo que incrementaba la emoción que me inspiraban los leopardos.

El momento crucial en mis aventuras con los leopardos llegó una mañana de julio de 1978, cuando Joseph me dijo que habían visto a una hembra con dos cachorros en el área del Desfiladero de los Leopardos. Parecía seguro que debía ser la recelosa criatura a la que hasta ahora no había logrado ver. Se habían avistado sus cachorros asomándose en la entrada de una de las muchas cuevas del desfiladero. Joseph pensaba que debían tener unos cuatro meses de edad. A final de cuentas, tras muchos días de búsqueda, mi suerte cambió y logré hacer mi primera observación de los cachorros cuando se encaramaban sobre el cadáver de un ternero de ñu que había matado su madre. El ternero era demasiado pesado para que ella pudiera subirlo a la frondosa copa del *Eleaodendron* cercano, así que lo había dejado en el suelo. Después de abrir el cadáver y devorarlo un rato, debe de haber llamado a sus cachorros y llevado hasta la presa.

La Hembra de Mara Buffalo, madre de Chui. Ésta es una de las pocas fotografías que logré tomar de este receloso leopardo.

La hermana menor de Chui observa cómo una hiena sale de una cueva en Mara Buffalo Rocks. Los leopardos y las hienas usan esta área como sitio de descanso y para ocultar a sus crías.

Mientras yo conducía en lo alto del desfiladero, ella me vio desde su escondrijo en la copa del árbol: una ubicación ideal para detectar la proximidad del peligro. Yo no tenía la menor idea de dónde estaba ella hasta que vi un borrón de manchas que descendía por el tronco del árbol y se desvanecía en el desfiladero a unos 30 m. Los cachorros no se dieron cuenta de la repentina desaparición de su madre; estaban menos nerviosos por los vehículos que ella. Me senté a observarlos, con sus caras ensangrentadas por la bestia devorada. Nunca quité la vista de ellos mientras tomaba la cámara, pero el movimiento fue demasiado para ellos y partieron disparados hacia el desfiladero.

No volvería a ver a la madre en cinco años, aunque sabía que permanecía en el área. Joseph la encontraba ocasionalmente, y una que otra vez pude ver a uno u otro de los cachorros, un macho y una hembra. A la hembrita la llamé Chui, que en swahili significa "leopardo". Era la primera de una nueva generación que no tenía motivos para temer a la gente de los vehículos, y con el paso de los años me permitiría una observación íntima de su vida.

Chui se apareó por primera vez cuando tenía dos años y medio, y en enero de 1981 parió dos cachorros en una cueva oculta en medio de una inmensa fortaleza rocosa en la entrada oriental del Desfiladero de los Leopardos: el mismo sitio que Zawadi utilizaría como escondrijo para su tercera camada unos 20 años después. Nunca pude averiguar el sexo de los cachorros de Chui, aunque uno tenía un color más claro que el otro. Tendrían unas 10 semanas cuando Joseph los encontró por primera vez, y por un tiempo merodeamos a hurtadillas en las proximidades del desfiladero siempre que podíamos, tratando de no precipitar una afluencia de vehículos que, casi seguramente, habrían obligado a la madre a trasladar a sus cachorros.

A final de cuentas nuestras precauciones no sirvieron de nada. Los leones de la Manada del Desfiladero descubrieron el escondite de Chui, olfateando a la entrada de la cueva y merodeando en torno a las rocas de manera amenazadora. Por fortuna, Chui debe de haber percibido el peligro y trasladó a sus cachorros antes de que pudieran hacerles daño.

La última vez que los vi fue hacia finales de las lluvias largas de mediados de mayo, cuando tenían seis meses de edad. Desde las ramas altas de un árbol del género *Diospyros* en el *lugga* del Leopardo, no lejos del desfiladero, me miraban con una mezcla de curiosidad y cautela. Poco después una leona sorprendió a Chui y sus crías en el mismo *lugga*, obligándolos a buscar la seguridad de las copas de los árboles. Aunque Chui y uno de los cachorros lograron escapar hacia los árboles, el otro reaccionó un instante después y fue atrapado en un arbusto y matado.

Ése fue el primero de muchos incidentes que me hicieron reconocer cuán peligrosos son los leones para los leopardos de cualquier edad. Nunca supe si el otro cachorro pudo sobrevivir hasta alcanzar la edad adulta, aunque creo que probablemente lo logró, pues la siguiente vez que Chui parió fue dos años y medio después. Estaba en Inglaterra recuperándome

de una operación en la espalda cuando
inesperadamente, una mañana de septiembre
de 1983, llegó el momento que había
estado esperando. Un amigo me escribió
para notificarme que dos hembras leopardo
habían parido cachorros a una distancia de
menos de 6.5 km. Si algo habría de acelerar
mi recuperación era esto. Las dos resultaron
ser Chui y su madre: la recelosa leopardo que
después llamé la Hembra de Mara Buffalo.
Ésta había parido un macho y una hembra
a principios de año, escogiendo como cubil
Mara Buffalo Rocks, de ahí su nombre. Seis
meses después Chui dio a luz dos cachorros
machos en una cueva de la Colina de las
Higueras.

Por fin podía observar un leopardo en
forma regular. Conduje hasta la Colina de
las Higueras al despuntar cada mañana
y permanecí ahí hasta que la oscuridad me
hacía volver al campamento. Hubo veces, tras la
partida de todos los turistas, en que Chui salía
de una de sus higueras favoritas o caminaba en
torno al *lugga*, llamando a sus crías para que
se reunieran con ella, lo que hacía que valieran
la pena todas las horas que me pasaba en mi
vehículo.

A los cachorros de Chui los llamé Claro
y Oscuro, dando testimonio del color de
su piel, aunque pronto descubrí que tenían
personalidades tan diferentes como sus patrones
de manchas. Claro era algo más nervioso y
esquivo, y Oscuro era atrevido y audaz, y solía
dominar a su hermano cuando jugaban rudo
o había una disputa por comida. Todo cambió
cuando los cachorros tenían unos cuatro meses
y Oscuro se lastimó en una caída, torciéndose
una de las patas traseras. Fue una lesión tan
devastadora que en ocasiones Chui se vio
obligada a cargar al lisiado cachorro con su
hocico. Pese a toda su increíble capacidad
para trepar, incluso los leopardos adultos
en ocasiones caen de los árboles. Aunque
suelen caer con seguridad sobre sus patas
acolchonadas, a veces sufren lesiones: a
menudo en la cara y mandíbula más que en sus
miembros que amortiguan los golpes. Tras este
accidente, Oscuro ya no pudo dominar a Claro.
De pronto cambiaron las posiciones y fue el

Oscuro a los seis meses. Él era más atrevido y
curioso que su hermano Claro.

turno de Claro de sacar la carta triunfadora, un
ejemplo claro de cómo las incertidumbres de
la vida pueden moldear y cambiar al individuo.
Escribí sobre el incidente en *The Leopard's Tale*
[La historia del leopardo]:

*Daba pena mirar cómo Oscuro trataba
de seguir a su madre. Cada paso parecía
causarle dolor, y Claro no lo dejaba en paz.
Se abalanzaba sobre su indefenso hermano
y luchaba con él en el suelo, sometiéndolo*

Claro y Oscuro juegan en las Cuevas del
Cachorro, la ubicación perfecta para ocultar
pequeñas crías.

*con mordidas en el cuello y la garganta.
Debilitado por su lesión, la única defensa
de Oscuro era yacer tan quieto como fuera
posible, esperando que su hermano se
cansara del juego. Pero cuando él intentaba
acercarse a las tetas de Chui, el movimiento
incitaba a Claro a seguir, como haría un
gato que juega con un ratón lesionado.
Era de notarse que Claro había empezado
por fin a perder algo de su timidez. Era
muy juguetón, perseguía por todas partes
en los matorrales de crotón a Oscuro. Claro
parecía instilado de una nueva energía,
brincando y estallando en el aire como una
caja de sorpresas. Era difícil saber si esta
nueva seguridad y vigor era consecuencia de
la lesión de Oscuro o sólo el proceso natural
del propio desarrollo de Claro. Como haya
sido, Claro sacó cuanto provecho pudo de la
oportunidad de dominar a Oscuro cuando
éste estaba tan mal.*

Dos semanas después vi a Chui volver de
una de sus excursiones de caza con los cuartos
traseros de un joven impala recién muerto,

firmemente enganchado en sus quijadas. Llamó a sus cachorros de su escondrijo en la Colina de las Higueras, y de inmediato éstos aparecieron y corrieron hacia ella; era notorio que Oscuro seguía cojeando. En el instante en que Chui dejó caer la pieza, Oscuro se apoderó de ella y la llevó hacia los arbustos; era más delgado que su hermano y no había comido durante varios días. Mientras tanto, Claro tuvo que contentarse con un momento de amamantamiento y acicalamiento de su madre. Cuando intentó acercarse a su hermano, Oscuro se volvió hacia él y lo persiguió sobre sus tres patas buenas y lo arrolló. Chui trató de intervenir, pero los cachorros pasaron rodando ante ella. Una y otra vez daban tumbos, mordiéndose y arañándose; ninguno se rendía, hasta que finalmente se separaron. Oscuro regresó corriendo hacia la pieza, y a horcajadas la protegió, amenazador, ante la posibilidad de que sus parientes se le acercaran.

Pero no había terminado la cosa. Después de que Oscuro se hubo alimentado por un rato, con la barriga abultada por la comida, caminó hasta Claro y con un gesto amistoso se frotó contra la cabeza de su hermano. Pero a Claro sólo le interesaba lo que quedaba de la pieza, y trató de escurrirse subrepticiamente de su hermano. Al ver esto, Oscuro se desplazó rápidamente hacia la carne, para luego alejarse de nuevo de ésta con igual rapidez. Claro aprovechó la oportunidad y en esta ocasión, cuando Oscuro intentó volver, ya había perdido la ventaja. Ahora el alimento estaba en posesión de Claro y rápidamente brincó para defenderlo. Los hermanos lucharon ferozmente durante casi un minuto, de una manera que yo nunca he visto entre cachorros de león, cuyas peleas suelen resolverse casi tan pronto como se inician, o entre guepardos, que nunca se comportan así en una matanza. El leopardo es una criatura aparte.

Distinguir a los cachorros de leopardo individuales —tanto en lo físico como en cuanto a su temperamento— es mucho más fácil que en el caso de los leones y los guepardos. A menudo las leonas de una manada engendran al mismo tiempo, en especial cuando los nuevos machos acaban de matar a todos los cachorritos, provocando que las hembras entren en celo otra vez. Esto significa que puede haber una docena de cachorros o más de edad similar criados comunalmente en una guardería. El hecho de que a menudo las leonas permitan que los cachorros de sus parientas se amamanten de ellas, y que los leoncitos se parezcan todos, dificulta identificar y seguir la pista de los individuos de las distintas camadas hasta que tienen seis o más meses de edad. Los guepardos pueden tener hasta ocho cachorros en una camada, así que aunque cada cual tenga un patrón diferente de anillos y manchas en la cola, así como marcas de manchas distintas en la cara y cuerpo, puede tomar tiempo discernir un individuo de otro. En cambio, los leopardos suelen tener sólo dos cachorros, y en ocasiones tres, y cada uno pronto establece un orden en las tetas de la madre, lo que facilita relativamente distinguirlos, sobre todo si uno es macho y otro hembra. Los patrones de manchas también son útiles: por ejemplo, es fácil reconocer a Zawadi debido a que debajo del ojo derecho tiene una fila de cinco manchas idénticas. El hecho de que los cachorros de leopardo suelen tener temperamentos muy diferentes también ayuda a distinguirlos. Pueden ser reservados o atrevidos, cautelosos o audaces; algunos se relajan pronto ante los vehículos mientras que otros, como la hija de Zawadi, Safi, son precavidos y nerviosos toda su vida.

Claro y Oscuro, a los cinco meses, esperan el regreso de la madre de su cacería.

Chui en la flor de la vida, a los seis años. Ella fue el
primer leopardo que pude observar de cerca.

La Hembra del Paraíso

Seguir a Chui y a sus cachorros fue lo más importante en aquellos primeros años de vida en el Mara. Era el cumplimiento de todo lo que había esperado. Miraba con temor el momento en que pudiera terminar y, efectivamente, cuando Claro y Oscuro tenían seis meses de edad, Chui abandonó la Colina de las Higueras. A pesar de todos nuestros esfuerzos, no pudimos encontrar su nuevo escondrijo. Pero finalmente, tras seis años de espera, tenía suficiente material fotográfico para ilustrar su historia.

Cuando concluí *The Leopard's Tale* [El relato del leopardo], pasé buena parte de los años siguientes en Tanzania documentando la historia de la migración de ñus en su ir y venir entre las planicies del sur del Serengueti y el Masái Mara, lo cual me permitió satisfacer otra de mis ambiciones: observar las jaurías de perros salvajes cuando detenían sus vagabundeos nómadas para establecerse en una madriguera y criar a sus cachorros.

Aun cuando hayan pasado meses en que no pude visitar el Mara y los sitios que frecuentaba cerca del pantano de Musiara y el Desfiladero de los Leopardos, me mantuve en estrecho contacto con lo que ocurría en las vidas de los principales personajes animales de esas áreas. Aún tenía la esperanza de que Chui reapareciera y tuviera la oportunidad de seguirla cuando diera a Luz a su próxima camada.

Pero no sucedió así. Fue casi dos años después cuando volví a tener noticias de ella. En octubre de 1985, unos amigos me informaron que se había visto un leopardo con tres cachorros en el Desfiladero de los Leopardos. Se trataba de una hembra bastante recelosa, aunque los cachorros tenían ya edad suficiente para aventurarse de vez en cuando fuera de su escondite en una de las cuevas. Tenían unos tres meses, la misma edad que Claro y Oscuro cuando los vi por primera vez. De inmediato me fui en su búsqueda y, en efecto, una mañana encontré a los cachorros jugando en una placa de roca a mitad de camino del desfiladero, cerca de donde Chui y su hermano habían nacido en 1978. Cuando el Sol ascendió en el cielo, los cachorros regresaron a su refugio rocoso. Me quedé ahí, con la esperanza de que tarde o temprano reaparecería su madre.

Claro saluda a su madre de la típica manera felina: empuja su cabeza y cuerpo bajo la garganta de ella y arremolina la cola bajo su cuello, dejando su olor en la cara de su madre.

Después, esa tarde, escuché el penetrante llamado de alarma de un damán de los arbustos, y volteé a mirar a un leopardo hembra que caminaba cautelosa en lo alto del desfiladero. Se detuvo a beber en una depresión rocosa donde había agua de lluvia, y la estudié con mis binoculares, preguntándome quién podría ser. Quizás era la hermana menor de Chui, uno de los dos cachorros que había procreado la Hembra de Mara Buffalo a fines de 1982, que para entonces tendría casi tres años. Pero esta leopardo era mayor, tenía una constitución más gruesa y una o dos manchas negras en su nariz rosada. No sé por qué no la reconocí de inmediato como Chui; quizá porque se presentó con tanta cautela, aunque yo no estaba tan cerca, sino al otro extremo del desfiladero.

En un momento se volvió hacia mí, me enseñó sus dientes y siseó, advirtiéndome que me mantuviera lejos. Retrocedí y la observé mientras seguía su camino. Se comportaba exactamente como se esperaría de un leopardo hembra con cachorros, deteniéndose a cada tanto para mirar a su alrededor, comprobando

que no la hubieran visto leones o hienas, preocupada por no revelar el escondrijo de su prole. Conforme se acercaba pude percibir el tenue resoplido con que a menudo hacía saber a su familia que estaba en casa. Al instante aparecieron tres cachorros en la cima de las rocas situadas sobre la caverna en que habían estado esperando con paciencia. Saludaron a su madre con emoción frenética, empujándole la barbilla y retorciéndose en ondulaciones alrededor de su pecho y patas mientras ella los lamía. Entonces se recostó haciéndoles ver que no les daría de mamar. Tal vez había conseguido una presa y los conduciría a ella después, pero de momento estaba contenta con reposar, mientras los cachorros bregaban entre los arbustos de la cima de las rocas, mordiéndose y jugando entre sí.

Todavía no me daba cuenta de que se trataba de Chui. Sólo meses después, cuando observaba las fotografías tomadas esa mañana, saqué un ejemplar de *The Leopard's Tale* y comparé el patrón de manchas de este leopardo con el de Chui: eran idénticos. Estaba lleno de júbilo

Los cachorros de un año de la Hembra del Mara Buffalo en 1984. A esta edad los cachorros machos (como el de la izquierda) son claramente más grandes y pesados que sus hermanas.

con sólo pensar en este encuentro fortuito con mi vieja amiga, que para entonces tenía siete años y estaba en la flor de la vida: ésta era su tercera camada. Me había preguntado a veces si la habrían matado, y a menudo soñaba con volver a verla y quizá averiguar qué había sido de Claro y Oscuro. Al contemplar a Chui y su nueva camada me convencí de que Claro y Oscuro deben haber sobrevivido, al menos hasta alcanzar la edad suficiente para independizarse de su madre. La coincidencia de tiempos era perfecta: habían nacido en junio de 1983, dos años antes de la llegada de estos tres cachorros. El intervalo característico entre las camadas de un leopardo hembra, si sobreviven los pequeños, es de 18 meses a 2 años.

Pronto se desvaneció cualquier idea de repetir mi éxito de seguir a Chui y su nueva camada. Ella y sus cachorros fueron vistos otra vez al cabo de unos días en las Cuevas del Cachorro en la Colina de las Higueras, el mismo sitio donde ella pasó tanto tiempo con Claro y Oscuro. Al considerar en retrospectiva ese periodo, me doy cuenta de que tal vez Chui sencillamente se desplazó más al norte o al este, en busca de un refugio en el área que acabaron usando Media Cola y Zawadi: los escondrijos rocosos más allá de la pista de aterrizaje del río Mara. Muy pocos turistas se tomaban la molestia de buscar allá. Había tanto que ver en el área de

Musiara y sus alrededores que los conductores no tenían necesidad de invertir tiempo en rodar una comarca que otros rara vez frecuentaban: parte de la clave de una buena excursión de observación es utilizar la red de información que ofrecen otros vehículos.

Sin embargo, en ocasiones logré dar con el hermano y la hermana menores de Chui. A veces podía encontrarse a la hembra entre Mara Buffalo Rocks y la Colina de las Higueras, zona que compartía con su madre y su hermano; también se le veía errando algo más al norte, donde unos años después logró criar un solo cachorro. Su hermano se convirtió en un espléndido joven macho. En una ocasión lo vi alimentándose de una hembra de topi adulta, que pesaba alrededor de 110 kg —el doble de su peso—, a la que había arrastrado a un denso matorral de crotones. El cadáver era demasiado grande para cargarlo hasta la copa de un árbol, y de todos modos no había cerca ninguno adecuado, así que lo devoró en el suelo hasta que pareció a punto de reventar. En un momento dado fue sorprendido por un grupo de leones jóvenes que deben de haber olido la presa o escuchado cómo mordisqueaba metódicamente entre las costillas, y se le acercaron a hurtadillas. Los leones eran de 2 años, lo bastante grandes para matar a un leopardo; pero lo salvó un conductor de

Mara Buffalo Camp, quien enfiló el vehículo directamente hacia los leones, dispersándolos y dando al leopardo tiempo de escapar.

Y así fueron los siguientes cuatro años: un vislumbre ocasional de un leopardo, entre cuyas vistas podían pasar días y hasta semanas. No obstante, varios leopardos dispersos en el Mara se acostumbraron a los vehículos, aunque no había garantía de que uno los encontraría. El río Talek, afluente del Mara, era uno de los sitios preferidos para la búsqueda, pues ofrecía muchos escondrijos para un leopardo en trance de cazar; también lo eran las densas malezas y colinas rocosas en las estribaciones del sur de la Planicie del Paraíso, cerca de donde los ñus cruzan el río. A veces se veían también leopardos a lo largo de la Escarpadura de Siria o en las malezas fluviales que bordean el río Mara. Pero tratar de seguir la pista de un leopardo es una penosa tarea, y pocos tienen el tiempo o la inclinación para salir persistentemente cada día y recorrer cada centímetro de un territorio de leopardo. En ningún lado había uno que ofreciera las oportunidades que habíamos disfrutado con Chui.

Un buen día empezó a circular el rumor de que se había visto un nuevo leopardo cerca de la Colina de las Higueras y el Desfiladero de los Leopardos, una hembra que, si la encontrabas, podría observarse, un leopardo como Chui. Yo no podía esperar para saber quién podía ser esta "nueva" leopardo. Todo hacía parecer que era uno de los dos cachorros que habían nacido en una formación rocosa al sur de Governor's Camp, y cuya madre ocupaba un territorio que limitaba con las estribaciones del sur de la Planicie del Paraíso. Si era cierto, entonces ella se había desplazado 20 km de sus lugares predilectos, cosa que en ese tiempo me pareció sorprendente. Las jóvenes hembras a menudo permanecen en el área en que nacieron, precisamente como hizo Chui, superponiendo en parte su territorio con el de su madre o estableciéndose en las cercanías. Pero un desplazamiento de 20 km no excede los límites de lo posible; hay machos que a veces recorren esa distancia en una sola noche cuando merodean en su territorio, y los leopardos jóvenes de ambos sexos en ocasiones deben buscar nuevas áreas para lograr reproducirse. Sin embargo, la Colina de las Higueras y el Desfiladero de los Leopardos —los viejos terruños de Chui— eran un hábitat tan perfecto para un leopardo que yo no podía imaginar que un extraño pudiera encontrar mucho espacio disponible. Seguí investigando para saber más acerca de este nuevo leopardo, a quien los conductores de Governor's Camp llamaron la Hembra del Paraíso.

Había otro leopardo al que ocasionalmente veíamos merodeando por el área, una recelosa hembra que en abril de 1990 había parido dos cachorros —un macho y una hembra— en las Cuevas del Cachorro, en la Colina de las Higueras. No sé qué pasó con la hembrita pero, a diferencia de su madre, el macho desarrolló cierta tolerancia a ser observado. Me inclino a creer que este leopardo de más edad no podía ser la madre de la Hembra del Paraíso. Cualquier leopardo que se mostrara tan relajado ante los vehículos como ella debe de haber crecido en presencia de una madre con una actitud similar. Pero entonces pensé en lo esquiva que había sido la Hembra de Mara Buffalo en comparación con su hija Chui.

Independientemente de su procedencia o de quién fuera su madre, todos coincidían en que la Hembra del Paraíso era especial. Ni siquiera Chui había sido nunca tan dócil. La Hembra del Paraíso tendría unos dos años y medio cuando la vi por primera vez a principios de 1990, edad normal en que una hembra tiene su primera camada. Hacía poco que se había apareado con el macho territorial, y todos esperábamos con anhelo la llegada de sus cachorros.

Lamentablemente, no es raro que cualquier felino pierda su primera camada, y la Hembra del Paraíso no fue la excepción. Una mañana fue vista salir desolada de un matorral hacia el este del Desfiladero de los Leopardos. Era evidente que no seguía embarazada, pero nunca se vieron signos de ningún cachorro. Como escribí entonces:

Quizá sus cachorros nacieron muertos o eligió mal su madriguera; no es raro que los felinos y los perros no logren criar a su primera camada por inexperiencia.

Media Cola (antes de perder parte de ésta) descansa una mañana temprano en un árbol de la especie *Balanites*. Resguardada en el árbol, a su lado y fuera del cuadro de la fotografía, yace segura una gacela de Thomson cazada por ella.

Los leones y las hienas —incluso los babuinos— sin duda castigarán el menor error por parte de una madre leopardo que falle en ocultar debidamente a sus recién nacidos.

Cosa sorprendente, quizá, es que los babuinos puedan ser una real amenaza para los leopardos, sobre todo para las hembras con cachorros. Se ha dicho a menudo que los babuinos son la presa preferida de los leopardos, y es verdad que éstos matan babuinos en ocasiones. Pero en todos los años que he observado leopardos rara vez he visto que uno mate a un babuino y he llegado a tener un gran respeto por la capacidad de los monos de cuidarse en sus tratos con los leopardos, al menos durante el día. Los babuinos machos adultos pesan 27 kg o más, y algunos llegan a los 45 kg, peso igual al de un leopardo del tamaño de la Hembra del Paraíso. La mayor parte de los monos pasan su vida en los árboles, y sólo en ocasiones merodean en el suelo, pero en ello los babuinos son atípicos, pues pasan mucho tiempo buscando alimento en las sabanas abiertas o entre las arboledas de acacias, comiendo una amplia variedad de material vegetal, en especial pastos verdes cortos y frutos maduros como higos, así como larvas y termitas aladas, huevos de aves y polluelos; los babuinos machos adultos también llegan a matar y comer gacelas, impalas y liebres jóvenes. A la primera señal de peligro, los babuinos emiten un fuerte aullido, lo que atrae inmediatamente la atención de los miembros de la manada, los cuales responden con acciones de prevención o reuniéndose para contrarrestar la amenaza. Los machos rápidamente desafían a un depredador como el leopardo, formando grupos para atacarlo y perseguirlo. Esta conducta grupal es muy efectiva para asegurar que el leopardo se vaya a cazar a otro lugar, lo que permite a los babuinos seguir comiendo relativamente a salvo.

Un babuino macho grande es un adversario osado, bravo y peligroso, seguro de su capacidad de amedrentar a un leopardo, en especial a las hembras más pequeñas. Fui testigo de numerosos encuentros hostiles entre Chui y los babuinos de la Tropa de la Higuera, los cuales consideraban la Colina de las Higueras y el Desfiladero de los Leopardos su territorio. Las higueras gigantes eran el lugar de descanso perfecto para la manada de babuinos cuando estaban en el área, y a intervalos de unos cuantos días volvían a la colina y se aposentaban en el sitio escogido para pasar la noche. Sabían todo sobre Chui, y procuraron molestarla durante los seis meses que ella estuvo con Claro y Oscuro en las Cuevas del Cachorro. A la larga se estableció una precaria tregua en la que ni babuinos ni leopardos fueron heridos, a pesar de que hubo unos cuantos acercamientos peligrosos. No pocas veces Chui fue cercada a campo raso y tuvo que correr hacia las cuevas, aunque a menudo parecía como si los babuinos no quisieran alcanzarla. Ya a salvo en la cueva, Chui siseaba y gruñía a la pandilla de babuinos, viéndose obligada a soportar las baladronadas de los machos jóvenes, siempre dispuestos a sacar partido de la situación.

En una memorable ocasión miembros de la manada de babuinos estuvieron junto a Chui en la copa de una de las higueras favoritas de ella, arrancando con indiferencia higos maduros de las ramas, y obligándola a retirarse a las ramas más altas y a mantener sus patas recogidas bajo ella. Por último, perdió el coraje —o simplemente se hartó— y se lanzó hacia abajo en medio de los babuinos, que huyeron gritando y rechinando los dientes cuando pasó como un relámpago entre ellos y desapareció en las Cuevas del Cachorro.

En 1992 pasó algo que iba a marcar a la Hembra del Paraíso por el resto de sus días. Perdió su cola. Nadie sabe con certeza cómo ocurrió; los agresores más probables en la lista deben de haber sido los babuinos, pero puede haber sido resultado de una riña con otro felino.

Los babuinos machos pesan entre 30 y 35 kg, casi tanto como la mayoría de las hembras de leopardo. Este bostezo es en realidad una amenaza, en la que expone sus caninos en forma de dagas.

*E*N UNA OCASIÓN *el joven leopardo macho que llegué a ver en el área se encontró acorralado por babuinos en el Desfiladero de los Leopardos. Estaba recostado mirando cómo se acercaban los babuinos y, entonces, en vez de desaparecer en una de las cuevas, adoptó una posición agazapada en un matorral de hierbas altas. Apenas pude ver cómo se recostaba plano sobre el suelo, pero los babuinos no se negaron la satisfacción de obligarlo a huir. Se apiñaron en torno a las rocas que estaban*

encima de él, cada vez más agitados y vociferantes conforme su número crecía; sus aullidos y gritos se elevaban en intimidante crescendo. Era seguro que el joven macho debía ceder el terreno y correr para estar seguro. Pero estaba inmóvil. A veces un leopardo se sostendrá en su territorio a fin de no provocar una persecución, dispuesto a defenderse si tiene que hacerlo, pero con la esperanza de que el peligro desaparezca. No fue así esta vez. Uno de los grandes babuinos machos saltó hacia abajo a la hierba, a no más de un metro del joven leopardo, mostrando sus caninos del tamaño de un pulgar en su cara, chillando y gruñendo tan fuerte como podía. El leopardo respondió con una especie de tos explosiva que hizo que el babuino brincara hacia lo alto, lo que dio tiempo al leopardo para voltearse y desaparecer de su vista. Corrió con suerte; se sabe de babuinos que han matado leopardos, incluso machos adultos.

Chui se esconde de los babuinos. En el Mara los leopardos hacen todo lo posible por evitar una confrontación con estos poderosos monos.

En efecto, las hembras de leopardo luchan en ocasiones con un rival sobre el pasto, aunque la ausencia de lesiones visibles en la mayoría de las hembras que he observado (se ven menos maltratadas que muchas leonas) indica que las peleas son más raras y pocas veces ponen en peligro su vida. Dicho esto, las consecuencias de ser forzadas a abandonar un área pueden ser de gravedad. Un aspecto característico de las riñas entre felinos son lesiones en ancas o cola, en las cuales los combatientes se cortan y muerden entre sí, en especial cuando un individuo solitario tiene que enfrentar a más de un rival, como sucede cuando los leones acorralan a su adversario. Mientras un león confronta a su oponente de frente, otros tratan de ponerse atrás de él para propinarle la máxima lesión en sus expuestos cuartos traseros. Si la lesión de la Hembra del Paraíso se debió a una pelea con leones, entonces tuvo la fortuna de escapar con vida. Los leones son implacablemente eficaces en lesionar a sus competidores, y matan guepardos y leopardos siempre que tienen la oportunidad.

Podía imaginar fácilmente cómo los babuinos deben haber sorprendido a la Hembra del

Paraíso, pues había fotografiado un incidente anterior en que tuvo que escapar de una manada de ellos. En otra ocasión la vi correr por su vida en lo alto del Desfiladero de los Leopardos, perseguida por dos o tres machos grandes, uno de los cuales brincó y la alcanzó en la cola y el anca, lo que la obligó a brincar hacia atrás para defenderse, antes de escurrirse a la seguridad de las rocas.

Unos amigos me enviaron fotografías de la Hembra del Paraíso después de su lesión. Su hermosa cola moteada colgaba flácida, como una rama quebrada, casi partida en dos. Con el tiempo perdió dos tercios de su cola y desde ese día se le conoció como Media Cola. Pero nunca se manifestó si sufrió alguna consecuencia excesiva. Siguió cazando y trepando árboles con su destreza de antes, y sus cachorros

Media Cola es perseguida por babuinos machos. Aunque alcanzó la seguridad de un arbusto, puede ser que así haya perdido la cola.

Un macho de un año con una gacela de Thomson que mató su madre. A esta edad los leopardos jóvenes también comienzan a cazar pequeñas presas por sí mismos.

permite estar en alerta constante respecto de la disposición sexual de las hembras que viven en el área, y les ayuda a alejar a machos errantes que pudieran encontrar a una hembra en celo antes que ellos. Esto es vital desde el punto de vista del macho, pues una hembra en celo es promiscua y está presta a aparearse con cualquier macho que elija; en zonas donde los machos tienen territorios superpuestos, una hembra puede acabar apareándose con dos o tres machos en un estro. Pero como me hizo ver el biólogo Luke Hunter, el aparearse con más de un macho probablemente ayude a confundir la paternidad, disminuyendo así la posibilidad de que un macho trate de lastimar a los cachorros derivados del enlace.

En condiciones normales, los machos subadultos tienen pocas oportunidades de aparearse hasta que adquieren su propio territorio alrededor de los tres o cuatro años de edad. Antes, prudentemente, adoptan un bajo perfil; rara vez dejan marcas de olor o emiten llamados; así reducen la posibilidad de una recepción hostil del amo del territorio (que podría ser su padre) y se dan la oportunidad de permanecer en su terruño natal tanto como les es posible. Pero a veces se les presentan pocas opciones al respecto, como sucedió cuando Media Cola perdió su primera camada. Sin saberlo ella, el macho territorial había sido matado recientemente por pastores masáis en represalia por el ataque a un joven pastor. Ello provocó un vacío temporal, y Media Cola no pudo encontrar un macho adecuado en su zona normal. Un día la encontramos en el Desfiladero de los Leopardos tratando de aparearse con el joven leopardo que había parido la recelosa hembra que compartía parte de la misma

encontraron que su corta y regordeta cola era tan irresistible para jugar como cuando estaba intacta.

Media Cola nos permitió observar a un leopardo hembra durante toda su vida adulta. Tuvo seis camadas —14 crías en total— y pudo llevar al estado adulto a tres cachorros. Cuando no estaba embarazada o en compañía de sus cachorros entraba en celo cada 20 a 50 días, hasta que concebía de nuevo, y el estro le duraba pocos días o una semana, con un periodo de gestación de 90 a 105 días.

Las felinas son ovuladoras inducidas, pues liberan un óvulo sólo al comenzar el apareamiento, lo que es una adaptación a la existencia solitaria que llevan la mayoría de los felinos machos y hembras. La ovulación inducida da tiempo para que un macho y una hembra se encuentren antes de que ésta ovule. Una hembra en brama se vuelve intranquila: recorre más territorio en busca de pareja, deja marcas de olor y emite llamados con frecuencia, deteniéndose en ocasiones para frotar su cabeza y cara contra promontorios rocosos y arbustos, y a veces se revuelca en el suelo. El hecho de que los leopardos machos recorran los alrededores de su territorio rápidamente —en algunos casos cada cuatro o cinco días— les

Cuando tenía 18 meses, el joven macho fue matado por leones de la Manada del Desfiladero.

área. Media Cola debe de haber entrado en contacto con el macho e intentado seducirlo. En un momento dado, ella se puso sobre él, mordiendo la piel de su nuca y empujándolo con sus patas traseras. Ambos leopardos se olisqueaban y rociaban, intrigados por el olor del otro. Pero el macho aún no había alcanzado la madurez sexual —el caso más temprano de un apareamiento exitoso de un macho es a los 2 años— y por ello Media Cola no pudo ser preñada. Ése fue el momento en toda su vida en que el joven macho estuvo más cerca de ser padre. Meses más tarde, fue matado por miembros de la Manada del Desfiladero cuando un vehículo lo hizo salir de su refugio, dando a conocer su escondite a los leones que descansaban en las cercanías.

En un hábitat ideal para leopardos rara vez hay un vacío por mucho tiempo. Casi siempre hay una reserva de leopardos machos —jóvenes o maduros— listos para aprovechar un territorio vacante, y a su debido tiempo un nuevo macho se apropió del territorio y se apareó con Media Cola. Tanto Bailey como Hamilton señalaron que, aunque los leopardos machos jóvenes a veces hacían correrías de exploración lejos de su área natal, a menudo volvían, al menos hasta ser casi adultos. Pero cuando se daba un vacío invariablemente era un leopardo externo al área el que se apoderaba de él. La posesión de territorios por parte de los machos parecía estable en general, y los leopardos establecidos mantenían tales extensiones durante años, aunque no por tanto tiempo como las hembras residentes.

Media Cola tenía cinco años de edad cuando dio a luz a su segunda camada en la Colina de las Higueras el 3 de noviembre de 1992.

Al principio se vieron tres cachorros, si bien se piensa que un león mató a uno de ellos, y posiblemente también al segundo. El tercero, una hembra, sobrevivió. Ésta fascinó tanto al fotógrafo alemán Fritz Polking que la llamó Bella.

Era como en los buenos viejos tiempos, pues me recordaba los días que pasé observando a Chui con Claro y Oscuro. Tras casi 10 años, estaba ahí otro leopardo con un cachorro a los que podía contemplar y fotografiar a diario, por lo menos en tanto ella permaneciera en una localidad. Según mi experiencia, los cachorros de leopardo son más fotogénicos entre las seis semanas y los seis meses. Ciertamente es la mejor ocasión de fotografiarlos con su madre, con muchos saludos amorosos y sesiones de juego.

No es raro que una hembra cambie de lugar

Media Cola y Bella una mañana temprano cerca del Desfiladero de los Leopardos.

LOS CACHORROS de leopardo pesan entre 430 g y 1 kg al nacer y abren los ojos a las dos semanas. Empiezan a rondar entre los arbustos y hacia los tocones a partir de que tienen seis semanas, y a los tres meses pueden trepar a la mayoría de los árboles, lo que a menudo resulta buena estrategia para salvar la vida. En ocasiones la madre lleva una pequeña presa o un cadáver cuando regresa al sitio donde dejó sus cachorros, aunque a los dos meses pican la carne más que comerla y prefieren amamantarse cuando pueden. Pero a los tres meses empiezan a comer realmente con buen apetito, y tienen suficiente edad para ser llevados de cacería (algunas hembras comienzan a llevar a sus cachorros a cazar desde que tienen unas ocho semanas). Una vez terminado el cadáver la hembra a menudo lleva a los cachorros a una nueva guarida antes de salir a cazar de nuevo, a menos que disponga del lujo de un lugar como la Colina de las Higueras o el Desfiladero de los Leopardos que ofrecen prolongadas permanencias si es necesario. Los cachorros son destetados prácticamente a los cuatro meses y su madre se torna cada vez más renuente a dejarlos mamar, mostrándoles los dientes y siseando en señal de desaprobación, negándose a acostarse de lado pese a las ruidosas protestas. Las crías siguen tratando de amamantarse por otro mes o más; aunque es probable que obtengan muy poca leche en ese periodo y sea sólo para estar cerca de su madre y mantener el contacto con ella. Para entonces la madre puede ausentarse durante dos o tres días, para reafirmar la posesión de su territorio y buscar alimento. Si no lo logra, puede desplazarse con sus cachorros a una nueva área antes de partir de caza de nuevo. La introducción a una existencia solitaria empieza en fecha temprana.

Claro y Oscuro a los cuatro meses devoran un pequeño jabalí. A los cachorros no les gusta compartir su comida; suelen tomar turnos para alimentarse.

casi diario a sus crías durante sus primeras semanas de vida, tratando de evitar que se intensifique su olor y atraiga depredadores. Los leopardos tienen un aroma muy distintivo y cualquier león o hiena que pase sabría que hay leopardos por ahí, como lo sabrían depredadores más pequeños como mangostas o civetas, capaces de matar cachorros pequeños. En especial las hienas poseen un muy desarrollado olfato y son criaturas tan curiosas que pronto notan la presencia de un leopardo si permanece en un sitio mucho tiempo. Tanto la Colina de las Higueras como el Desfiladero de los Leopardos son lugares preferidos desde hace mucho de leones, hienas y leopardos, pues ahí pueden dar a luz a sus crías y encuentran sitios de descanso frescos para recostarse durante el caluroso día. Hoy el Desfiladero

de los Leopardos se ha convertido en algo así como la ciudad de las hienas, como Zawadi descubrió a sus expensas cuando trató de criar su camada ahí en agosto de 2002. Bastó con un desplazamiento arriesgado a una cueva con entrada muy ancha. Atraídas por el aroma del cadáver de una gacela de Thomson que Zawadi había encaramado en un árbol cercano, las hienas deben de haberle seguido la pista hasta donde había dejado a sus cachorros, que tenían menos de un mes de vida. Aunque logró llevar a uno de ellos a un sitio seguro, los otros dos perecieron. Cualquier cosa que perturbe el equilibrio de una madre leopardo puede hacer que ésta traslade a sus cachorros, ya sea que los descubran los vehículos, gente que recorre el área a pie o depredadores.

Angie y yo pudimos observar a Media Cola

y Bella durante varias semanas a principios de 1993. Entonces se localizaban en torno a una serie de tres colinas bajas cerca del extremo norte del *lugga* de Ngorbop, en las proximidades de donde los masáis alancearon al viejo leopardo macho y donde el macho joven fue matado por leones de la Manada del Desfiladero en 1991. Las colinas rocosas y cubiertas de arbustos y el *lugga* cercano ofrecían numerosas rutas de escape para la madre y el cachorro cuando se daban las inevitables confrontaciones con leones, hienas y babuinos. También había muchas presas; siempre había manadas de gacelas de Thomson e impalas en algún sitio a la vista, así como presas menores como dik-diks y liebres.

Cada mañana, antes de salir el Sol, tratábamos de llegar a las tres colinas, revisando las rocas y arbustos en busca de cualquier señal de movimiento, atentos por si escuchábamos los reveladores ladridos de los chacales de dorso negro que podrían indicar que un leopardo andaba por ahí, y mirando con binoculares los llanos circundantes para descubrir cualquier indicio de que las manadas de presas estuvieran perturbadas. A menudo no había nada, nada excepto el sonido de una hiena que ladraba o el lejano rugido de los leones. Cuando el Sol empezaba a declinar en el horizonte, las avutardas de pecho blanco competían con los francolines coqui, emitiendo agudos llamados que señalaban su posición en los llanos o entre las acacias, en franco contraste con las notas límpidas de las "charlas" entre petirrojos cejiblancos, invisibles entre la densa maleza del *lugga*.

En África hay un tiempo de frescor por la mañana. Un leopardo que ha estado activo durante la noche puede estar todavía acurrucado, encogido para conservar el calor entre los arbustos o sobre una saliente rocosa o, mejor aún, oculto en una cueva, de donde sólo sale para calentarse brevemente cuando el Sol ya está alto antes de desaparecer otra vez de la vista. Pronto aprendimos que si no podíamos ver a Media Cola o a Bella —por más que lo intentáramos—, no significaba que no estuvieran ahí. Si, sencillamente, volvíamos a los mismos lugares una y otra vez, tarde o temprano una de ellas aparecería. Para entonces Bella tenía seis meses, podía trepar fácilmente al árbol más alto y se había acostumbrado a que la dejaran sola por largos periodos. Bella tenía la suficiente confianza para mostrarse a los vehículos, o al menos para ignorarlos y seguir su rutina. Para un leopardo de esa edad ello significa que cada vez se conecta más con su entorno inmediato, acechando presas pequeñas como lagartijas y pájaros, observando presas más grandes que rondan por ahí, e incluso acercándose sigilosamente a búfalos y elefantes que en ocasiones cruzaban las espesuras donde Bella pasaba sus días.

Sin hermanos con quienes jugar, Bella tenía que divertirse sola, disponiendo a su gusto de las muchas horas —y hasta días— en que su madre se ausentaba. Inventó toda suerte de

Claro, encaramado en la cima de un árbol muerto al que escaló persiguiendo a un águila rapaz. Los cachorros son muy curiosos y están acostumbrados a que los dejen a sus propios recursos.

juegos con varas, rocas y heces de animales, saltando al aire para lanzar ataques a plantas y arbustos, atrapándolos entre sus grandes patas delanteras y cayendo sobre su lomo, trepando y descendiendo de los árboles, mordisqueando ramitas y manoteando piedrecillas y heces de elefante. En ocasiones era presa de tal frenesí que nos recordaba a un niño hiperactivo,

ejecutando volteretas y giros: todo era posible. Criaturas de lentos movimientos como los pangolines y puercoespines le resultaban especialmente atractivos, aunque los puercoespines son algo que los leopardos deben aprender a tratar con precaución. A Bella nada le agradaba más que toparse con una tortuga, una especie de "roca" inofensiva a la que

Oscuro, a los cinco meses, juega con una tortuga leopardo
en la Colina de las Higueras.

podía mordisquear o poner panza arriba, que
la obligaba a fruncir la nariz y torcer los labios
en una mueca exagerada o *flehmen* cuando la
tortuga reaccionaba al ataque expeliendo un
líquido maloliente de la parte terminal de su
intestino. Los mejores momentos eran cuando
finalmente volvía de sus merodeos Media
Cola. Después de la obligada sesión de saludos
entre madre y cría, en la que Bella frotaba
sinuosamente su cabeza y costado contra su
madre, un periodo de aseo sería seguido por
una pelea de juego, que obviamente disfrutaban
ambas. Ésta fue una oportunidad para nosotros
de testimoniar, de cerca, la extraordinaria
destreza, velocidad de reflejos y agilidad que
poseen los leopardos. Son asombrosamente
rápidos.

La mayoría de los leopardos se vuelven
semiindependientes cuando tienen entre año y
año y medio. En esa etapa es probable que su

Oscuro y Claro a los seis meses jugando
a pelear. A esta edad los cachorros suelen
luchar y practicar la mordida asesina que
usarán en sus futuras presas.

madre esté preñada de nuevo. Siempre se ha
supuesto que los leones, leopardos y guepardos
—quizá todos los felinos— no entran en celo
mientras tienen cachorros dependientes. Sin
embargo, las hembras sí suelen aparearse antes
de que sus crías sean independientes, y en
lo que respecta a los leopardos la llegada de
una nueva camada normalmente da término
al contacto con los vástagos anteriores o a la

provisión de alimento. Kate Nicholls y Pieter Kat,
quienes durante los últimos años han dirigido
una investigación sobre leones en el delta del
Okavango en Botswana, ponen en entredicho
la suposición de que los grandes felinos no
entran en celo cuando tienen cachorros,
considerando que, al menos en el caso de los
leones, no es que las hembras no tengan su
ciclo cuando tienen crías dependientes, sino que

evitan aparearse cuando están en celo y tienen cachorros pequeños. Sustentan sus trabajos en análisis fecales que permiten registrar la presencia de hormonas reproductivas en forma regular sin necesidad de anestesiar y tomar muestras de sangre.

Sea como sea, en los leopardos parece normal un intervalo de 18 meses a 2 años entre camadas, aunque Media Cola demostró ser la excepción a esta regla, lo que apoya las investigaciones de Nicholls y Kat. Cuando Bella tenía apenas 10 meses, Media Cola se apareó de nuevo, y tres meses después dio a luz a su cuarta camada. Para ese entonces Bella ya cazaba pequeñas presas, como liebres y cervatos de impalas, que encontraba "reposando" oculta entre la espesura de acacias y, como todo leopardo joven, dedicaba mucho tiempo y esfuerzo a buscar alimento. Pero era aún demasiado joven para sobrevivir sola, y en los siguientes meses buscaba con regularidad a su madre, alimentándose de lo que cazaba ésta y a veces jugando e interactuando en paz con su hermano y hermana más jóvenes.

Durante este extraordinario periodo, en cierto momento Fritz Polking se pasó semanas con Media Cola y sus dos nuevas crías —un macho llamado Mang'aa (que en lengua kikuyu quiere decir "al que no le importa", por su naturaleza atrevida e indiferente) y una hembra llamada Taratibu (que en swahili significa "bonita"). Aunque a menudo veía a Bella con la nueva familia de su madre, era evidente que Media Cola tenía un firme control de la situación, refunfuñando y gruñendo cuando quería que su hija mayor se mantuviera a raya, lista para intervenir si los juegos se tornaban rudos, pero manteniendo el vínculo en tanto Bella necesitara tener acceso a las presas que ella cazaba. Incluso se llegó a ver que Bella permitía a los cachorros más jóvenes alimentarse de una presa que ella misma había cazado.

Todos los felinos poseen la habilidad innata de acechar, perseguir y abalanzarse sobre sus presas; esto es evidente si uno observa a un gatito doméstico acechar una bola de lana, a un cachorro de guepardo abalanzarse sobre un pájaro o a un joven leopardo persiguiendo un lagarto agama. Lo que no saben los pequeños es qué presa es la más adecuada para cazar, y cómo someterla una vez atrapada; les toma tiempo aprender cómo aplicar la mordida asesina sin lastimarse. Ésta es una de las razones por las cuales los jóvenes felinos son dependientes de sus madres por tanto tiempo. Sin embargo, cuando logra vivir por sí mismo y encuentra alimento, el solitario leopardo es un maestro en el arte de matar; en ello hay un claro contraste con el león, que es más sociable. Un león de dos años todavía es un cazador inexperto, y sin la ayuda de sus compañeros de manada bien podría morir de hambre, lo que ocurriría con certeza si se encontrara solo antes de esa edad. No ocurre así con el leopardo. A los dos años ya habrá sido independiente por varios meses, capaz de matar presas pequeñas y grandes sin ayuda.

Cuán diferentes son las tres especies de grandes felinos es claro en lo que escribí mientras observé a Media Cola a principios de la década de 1990, cuando aún la conocíamos como la Hembra del Paraíso:

Media Cola incita a Bella a jugar. Parecía disfrutar tanto las sesiones de juego como sus crías.

A un kilómetro de donde estoy sentado hay ocho leones, una madre guepardo acompañada de un cachorro de un año y la Hembra del Paraíso. De momento, todos los felinos descansan. Pero, ¡qué diferentes son! La Manada del Desfiladero está tendida con indiferencia en torno a la base de una acacia. Tres jóvenes cachorros luchan entre las gigantescas zarpas de una de las leonas, una criatura inmensa. Los cachorros están relajados y confiados, complacidos por la presencia de su madre. A unos cien metros, la guepardo hembra mira todo el tiempo en su derredor, reaccionando aprensivamente al menor indicio de peligro, pendiente de la seguridad del único superviviente de su camada de cinco crías. Entre tanto, la hembra leopardo, con toda donosura, merodea elusiva entre ellos sin ser vista, llevando su secreta vida.

El carácter y la forma de vida de los tres grandes felinos africanos se ha modelado en función de la competencia por el alimento y el espacio vital. A cada cual le conviene su especial y propio estilo de vida, y gozan de una adaptación suprema para atrapar sus presas y sobrevivir en medio de tantos otros depredadores. Entre ellos, leones, leopardos y guepardos exhiben el completo rango de la conducta felina: el felino sociable de peso completo, el oportunista solitario y el especialista en carreras de velocidad. En conjunto representan una vívida ilustración de poder y belleza, recordándonos por qué el hombre ha deificado y adorado a los felinos en todas sus formas desde el alba de los tiempos.

Mang'aa (izquierda) y Taratibu, la tercera camada de Media Cola. Taratibu fue muerta cuando tenía un año. Mang'aa sobrevivió hasta su madurez y, como la mayoría de los leopardos machos, abandonó su área natal para buscar un territorio en otra parte.

La vida de un leopardo

Mientras trataba de seguir a Chui a finales de los setenta y principios de los ochenta, me propuse mantenerme actualizado en cuanto a cualesquier artículo o ensayo fotográfico que se publicara sobre leopardos. Los trabajos de Bailey y Hamilton me habían ofrecido valiosísima información sobre cuántos leopardos vivían en un área específica, el tamaño de su territorio y con cuánta frecuencia (o infrecuencia) entraban en contacto entre sí. Pero siempre había aspirado a una observación más íntima, una sensación del animal verdadero. Sólo cuando alguien me mencionó la existencia de un santuario privado de observación de la vida salvaje llamado Londolozi, en Sudáfrica, me di cuenta de que había otras personas que empezaban a observar leopardos de manera regular, que poco a poco iban pergeñando una imagen más clara de cómo vivían estas criaturas. Yo estaba intrigado.

Londolozi es parte de una zona silvestre conocida como Reserva de la Fauna de Sabi Sand, asociación de santuarios de fauna privados que cubren un área de 650 km², en el límite occidental del Parque Nacional de Kruger, donde Ted Bailey realizó su investigación sobre leopardos. Muchas de estas propiedades comenzaron como fincas de ganado y, como en el Kruger del principio, sus dueños veían con desaprobación a los depredadores de todo tipo, y pusieron en operación un despiadado programa contra ellos, en especial contra leones, hienas y perros salvajes. Los leopardos y guepardos resintieron también los embates de esa campaña. En aquel tiempo se les consideraba sabandijas que había que erradicar para dar paso a la agricultura y la cría de ganado. Las tierras de vida salvaje fueron rápidamente sustituidas por grandes extensiones de granjas. Los animales considerados presas legítimas para la caza —como solía juzgarse a la fauna silvestre en aquellos días— o bien debían destinarse a alimento, como en el caso del antílope, o ser utilizados para fines lucrativos en forma de *biltong* (carne seca), pieles, marfil o cuernos de rinoceronte. En 1927 Harry Kirkman fue contratado como vigilante de la Transvaal Consolidated Land and Exploration Company (TCC), que entonces poseía la mayor parte de lo

El cadáver de una gacela de Thomson pende de un árbol. En los setenta ésta era a menudo la única pista que yo tenía de la presencia de un leopardo.

que hoy se conoce como el Complejo de Sabi Sand. La TCC se dedicaba a la cría de ganado, y el trabajo de Kirkman consistía en erradicar a los depredadores, en especial leones, que se metían al área desde el Kruger. En seis años mató más de 400.

Por fortuna, desde entonces y con el paso de los años las actitudes han cambiado, al grado de que en 1993 se retiraron todas las bardas entre el Kruger y el Complejo de Sabi Sand, así como en otras reservas privadas similares como Timbavati, Klaseries, Umbabat y Manyeleti, lo que permite a la fauna desplazarse sin impedimentos por toda el área. Ahora se está poniendo en práctica un enfoque aún más visionario: la creación de parques transfronterizos, enormes zonas de vida salvaje que no tienen fronteras. Se está desmantelando la barda que separa el Kruger de los refugios a lo largo de la frontera con Mozambique y Zimbabwe, lo que permite la reanudación de la tradicional migración de este a oeste de especies como cebras, ñus y elefantes por toda la extensión de este inmenso ecosistema natural. Pero la anarquía hoy imperante en Zimbabwe ha diezmado la población de la fauna del país, lo que ha acentuado la preocupación por la viabilidad a largo plazo de tales iniciativas transfronterizas.

Entre tanto, los hermanos John y Dave Varty, dueños de Londolozi, tuvieron un sueño. Querían crear un paraíso de fauna salvaje para volver a su estado natural la tierra que habían heredado de su padre en 1969. Inspirados en los trabajos del ecólogo Ken Tinley, empezaron a desarrollar en la propiedad, antes dedicada a la agricultura y la caza, un proyecto de turismo ecológico. Lo que hacían era devolver la tierra a los animales, estimulando el turismo mediante la creación de tres pequeños campamentos de lujo y reinvirtiendo parte de los ingresos en la comunidad local para ayudarlos a satisfacer necesidades de desarrollo.

En aquellos días pioneros, John y Dave llevaban a sus visitantes en viejas Land-rover destartaladas, con un rastreador de animales local de la tribu shangaan, quien iba sentado en la capota del automóvil para escudriñar el terreno por delante. Una vez que ubicaban algo de interés —un rinoceronte, un león, un elefante—, John o Dave y un rastreador salían del vehículo y emprendían su expedición a pie, armados con un rifle de alto poder como refuerzo. Si hallaban lo que estaban buscando, volvían al vehículo y lo acercaban para que los huéspedes tuvieran la mejor vista posible.

Lo que la gente quería más que nada era ver un leopardo, incluidos los propios Varty. Sabían que Londolozi era el territorio ideal para los leopardos: 130 km² de densas arboledas que envolvían un mosaico de campo abierto, cruzado por *dongas*: lechos de ríos secos con fondos arenosos y densos matorrales en sus orillas donde un leopardo hembra podría alumbrar a sus crías y esconderse para cazar. Pero en aquel tiempo los leopardos eran muy recelosos.

Hoy tanto Londolozi como la vecina reserva de Mala Mala se enorgullecen por ser capaces de mostrar a sus huéspedes a los "cinco grandes" —león, leopardo, elefante, rinoceronte y búfalo— tan buscados por los cazadores de trofeos. Años de penoso rastreo de generaciones de leopardos en vehículos o a pie acabaron por crear una población a la que podemos acercarnos en vehículo, algo sumamente deseable en el entorno de densos arbustos de la Reserva de Sabi Sand. Hoy los guardabosques llevan registros detallados de los distintos

Media Cola y Bella. Las madres leopardo siempre están atentas a posibles peligros: leones, hienas o seres humanos a pie.

leopardos de su área, configurando una amplia colección de fotografías de cada individuo para identificarlos de nuevo cuando son relocalizados. Todos los avistamientos y conductas interesantes se registran en una bitácora de observación de los animales. Ello ha permitido al equipo trazar mapas de los territorios natales de leopardos individuales, y seguir los patrones de dispersión de los subadultos cuando abandonan a su madre y empiezan a abrirse camino por sí mismos.

En Londolozi han sido especialmente populares entre los visitantes las excursiones nocturnas para avistar animales. Dependen de las destrezas de rastreadores que, sentados en la parte trasera de los vehículos con un reflector, lanzan un arco de luz hacia la oscuridad y disciernen todo tipo de criaturas nocturnas —pequeños autillos africanos, jinetas, gálagos, civetas— que es casi imposible ver durante el día. Y en la mente de todos en esos primeros días yacía la esperanza de que podrían —quizá— tener la oportunidad de observar un leopardo. "Siempre allí, pero invisible, se movía como un fantasma en la noche, cazando, dejando tras de sí los rastros de sus víctimas y sus propias huellas, y lanzando con persistencia sus llamados en la oscuridad", así describía Lex Hess, fotógrafo de la fauna salvaje,

la situación. Hess fue a trabajar como vigilante a Londolozi en 1976, pero debieron pasar tres años para hacer realidad su sueño de observar y fotografiar leopardos de manera regular.

Ese momento llegó en septiembre de 1979, cuando uno de los rastreadores captó el destello de dos pares de ojos que brillaban mirándolo a su vez desde lo alto de las ramas de un árbol, en un área donde el rastreador y el vigilante habían visto huellas de leopardo ese día temprano. Al principio pensaron que las dos criaturas moteadas debían de ser jinetas. Luego cayeron en la cuenta de que lo que miraban a los ojos eran dos leopardos cachorros. Apenas podían creer en tanta suerte. Desde ese día vigilantes y rastreadores poco a poco se hicieron una idea de los movimientos de la madre leopardo. Al principio era muy recelosa y veían poco más que sus rastros. Cada tantos días cambiaba de lugar a sus crías, y cada vez que lo hacía los vigilantes y rastreadores lograban establecer la nueva ubicación y pasar algún tiempo con los cachorros. Gradualmente, la Madre leopardo, como llegó a llamársele, comenzó a relajarse y al cabo de seis meses perdió el temor a los vehículos. Se piensa que tenía unos tres años cuando fue avistada por primera vez, así que parece probable que los dos cachorros encaramados en el árbol fueran su primera camada. Así se inició una historia extraordinaria que permitió a Londolozi convertirse en el mejor lugar para observar un leopardo.

No mucho después un amigo me envió un artículo ilustrado sobre los leopardos de Londolozi. Ahí estaba lo que yo tenía la esperanza de registrar —leopardos apareándose, una madre con crías, adultos peleando—, el tipo de cosas que no podían verse en el Mara en ese tiempo, ya no digamos fotografiarse —a menos que uno fuera Bwana Chui—. Pude seguir la pista de los sucesos de Londolozi mediante los boletines que ellos hacían circular entre amigos y clientes, poniéndonos al día sobre lo que ocurría con sus leopardos. Para 1991 Lex Hess había recopilado material suficiente para publicar su espléndido libro *The Leopards of Londolozi* [Los leopardos de Londolozi], que documentaba la historia de la Madre leopardo y su prole. El libro constituye

un tesoro en cuanto a anécdotas e información, profusamente ilustrado con hermosos retratos realizados por Hess del leopardo y su mundo. En buena medida, la conducta registrada por Hess y los demás vigilantes reflejaba lo que habíamos estado observando en el Mara, primero con Chui y la Hembra de Mara Buffalo y luego con Media Cola y sus cachorros. Surgieron patrones similares, lo que reforzaba nuestras ideas de cómo vivían los leopardos en su ámbito natural. Pero aún más emocionantes fueron las muchas cosas que eran nuevas para Angie y para mí.

Una de las mayores limitaciones de nuestro trabajo en el Mara siempre ha sido que sólo observamos leopardos durante el día; nunca hacemos excursiones nocturnas. Aun cuando se nos permitiera hacer recorridos en vehículos de noche, resultaría difícil seguir a los leopardos. Los suelos negros del Mara y el fortuito sistema de senderos no se prestan al oficio del rastreador, a diferencia de los caminos arenosos de Londolozi, que suelen utilizar los leopardos como rutas de tránsito convenientes y puntos para marcas de olor, y que son una gran ventaja a la hora de determinar la ubicación de estas esquivas criaturas. Siendo el Mara una Reserva Nacional de la Fauna, y no una propiedad privada, uno no tiene la libertad de hacer lo que quiera, y no se alientan las incursiones y excursiones nocturnas. El personal de seguridad y la unidad contra la caza furtiva están demasiado ocupados en controlar ésta, y no pueden perder el tiempo preocupándose por vehículos que merodean en busca de leopardos. Pero así como Hess descubrió en Londolozi, vimos que los leopardos son mucho más activos durante el día de lo que se pensaba, y esto es especialmente cierto en el caso de una hembra con crías. Al cabo tuvimos muchas oportunidades de observar su conducta a la luz del día.

En áreas donde hay abundantes presas, los leopardos hembras pasan alrededor de 80% de su vida adulta cuidando a sus cachorros, y la mayor parte del resto de su tiempo, preñadas. Entre 1979 y 1989, la Madre leopardo parió nueve camadas, muchos de cuyos cachorros pudieron ser observados desde que tenían unos dos meses. Es muy difícil observar cachorros menores a esa edad, así que es casi imposible saber con exactitud cuántas crías nacieron en cada camada, aunque se ha sabido de hembras en cautiverio que han tenido hasta seis cachorros. En nuestra experiencia parece que la norma fue dos —y en ocasiones tres—, y cinco de las camadas de la Madre leopardo eran de dos crías por vez. En dos de sus camadas sólo hubo un cachorro, y una desapareció antes de poder determinar su sexo o cuántos eran. De las 14 camadas de que tuve conocimiento en el Mara, sólo cuatro tuvieron tres crías hasta donde sé; las restantes tuvieron dos. Aun si una hembra da a luz tres cachorros, es raro que logre llevarlos hasta la madurez; puede ocurrir que uno sea tan enclenque que no sobreviva a sus primeros días. Hasta donde sé la Madre leopardo parió sólo una camada de tres crías en este periodo, dos de los cuales fueron matados por leones cuando tenían unos cuatro meses de edad.

Los leopardos dan a luz en cualquier época del año, aunque hay ciertas pruebas de que en algunas áreas procrean por estaciones. A horcajadas sobre la línea del Ecuador, Kenia experimenta dos estaciones de lluvias y dos de sequía al año. En ello se distingue del patrón climático de África del Sur, donde sólo hay dos estaciones distintas: un invierno seco de abril a octubre, y un verano húmedo de noviembre a marzo. Muchas aves y mamíferos del sur de África paren a mediados del verano, entre diciembre y febrero. La información de Bailey sobre el Kruger parece apuntar hacia un punto máximo en el apareamiento de leopardos y su dar a luz, aunque se basa sólo en la observación de seis camadas. Él encontró que la mayor parte del cortejo se daba a finales de la estación seca de julio a septiembre (49%), que coincidía con la mayor concentración de impalas; sólo 9% ocurrió en la estación húmeda, de enero a marzo. El punto más alto de apareamiento obviamente produjo el mayor índice de nacimientos de leopardos unos tres meses después, entre octubre y diciembre/enero. Ello significaba que el mayor número de cachorros nacía más bien a principios de la estación de lluvias que en cualquier otra época, lo que coincidía con el patrón de nacimientos de

Una madre leopardo con tres cachorros de unas ocho semanas. Los tres sobrevivieron hasta alcanzar la independencia, un logro importante en el Mara.

impalas. Cinco de las seis camadas de leopardos observadas nacieron a principios de la estación de lluvias, y tres de ellas en diciembre. En esa época abundan los sitios para esconderse —vitales para una madre con cachorritos—, y los impalas son fáciles de atrapar e ideales para llevarlos al cubil donde deja a sus crías. Durante la estación seca murieron más leopardos y mostraron mala condición de salud, lo que indica que cazar fue más difícil en esa época del año, cuando hay menos espesuras que les ayuden a acechar a sus presas.

Bailey no registró ningún nacimiento de leopardos en los meses invernales, lo que concuerda con los hallazgos, más recientes, de los realizadores de cine Dale Hancock y Kim Wolhuter en la colindante reserva de Mala Mala. Las siete camadas procreadas durante su filmación nacieron entre septiembre y febrero. Pero si ello indica un pico significativo en la reproducción, ¿cómo ocurre tal cosa? ¿El que una hembra tenga niveles nutricionales bajos y una mala condición significaría que tendría menos oportunidades de embarazarse al no ser la época adecuada? ¿Podría ser incluso que abortara o perdiera sus fetos?

En el Mara he registrado 14 camadas de

cachorros de cinco hembras. Éstos nacieron en todos los meses excepto febrero, marzo y mayo, pero la mayoría de las hembras dieron a luz durante la larga estación seca de julio a octubre, y a principios de la temporada de lluvias cortas que dura de mediados de octubre a diciembre. Sólo hay un registro de una camada que nació en la temporada de lluvias largas, de marzo a finales de mayo. Ciertamente parece ser beneficioso para un leopardo hembra tener sus cachorros alrededor de la época de lluvias cortas, pues es cuando muchas presas tienen también sus crías, y una madre suele atacar crías de jabalí y de cebra durante este periodo. También es la época en que tiene lugar la migración de ñus y cebras en el Mara, lo que asegura que haya mucha comida para hienas y leones, y reduce la competencia por las presas más pequeñas que cazan los leopardos.

Los científicos que trabajan en el Proyecto León del Serengueti han descubierto un periodo máximo estacional en la reproducción y nacimientos, que se cree ligado al estado nutricional de las leonas y relacionado con los desplazamientos de una de sus principales presas: los ñus. Aunque las leonas paren en cualquier momento del año, hay un punto

La vida de un leopardo **67**

Media Cola pone a resguardo un impala recién cazado en lo alto de una higuera. Su hija Zawadi estuvo comiendo en el suelo hasta que empezaron a llegar hienas.

máximo similar en el Mara que coincide con el periodo en que la migración está en la zona norte del ecosistema: de junio a octubre.

En Londolozi, Hess encontró que todas las hembras de leopardo que observó eran muy sigilosas poco antes de dar a luz: buscaban lugares ocultos a la vista o especialmente seguros, una cueva o hendeduras en una formación o saliente rocosa o un denso matorral. Otros escondrijos preferidos eran un montículo de termitas cubierto de vegetación, la depresión bajo un tronco hueco caído o los hoyos en las raíces de un árbol: cualquier sitio,

máximo en el Serengueti entre marzo y julio. Esto puede deberse en parte a que, cuando los ñus regresan al Serengueti en noviembre y diciembre, hay un rápido ascenso en las tomas de manadas por parte de los leones debido a la afluencia de machos nómadas que siguen a las migraciones. Las leonas también tienden a alcanzar su máxima condición física durante este periodo porque el alimento es abundante, y ello hace que entren en celo más a menudo, independientemente de las tomas de manadas. Por tanto, la mayor parte de los embarazos y lactación de cachorros ocurre cuando la migración está en el área. Puede haber un punto

Unas cebras de las llanuras se reúnen en una charca durante la estación seca. Cuando hay poca humedad en la hierba, los ñus y las cebras deben beber casi a diario.

de hecho, al que pudiera introducirse a rastras un cachorro cuando su madre estuviera fuera. En el Kalahari a menudo nacen leopardos en las madrigueras de cerdos hormigueros, y permanecen ahí o bajo arbustos durante la ausencia de su madre; también los adultos descansan en esas madrigueras para evitar el intenso calor del Kalahari. La importancia de un lugar seguro donde esconderse fue clara cuando una hiena se puso a olisquear en torno a la base hueca de un árbol donde una hembra de leopardo había ocultado a su cachorro. La hiena fue incapaz de sacarlo de su refugio, y éste

escupía y siseaba mostrando resistencia. A la larga, la hiena se fue.

Un afortunado grupo que visitaba el Desfiladero de los Leopardos fue testigo de cómo la hija de Media Cola, Zawadi, dio a luz a su tercera camada en 2001, momento en el cual Safi, única superviviente de su anterior camada, casi cumplía dos años. Guiados por Shieni Ropiara, del Campamento de Kichwa Tembo, George McKnight y Christine Hart participaban con otras dos parejas en una excursión matutina y ya habían disfrutado de encuentros en la madrugada con elefantes y leones. Pero lo

que sucedió alrededor del mediodía del 28 de septiembre fue una experiencia única en su vida. Shieni escuchó en su radio que se había avistado a Zawadi en el área y, como escribió Christine:

Shieni conocía la posible guarida y estacionó nuestro vehículo al otro lado de las dos grandes rocas que constituían la entrada. A una distancia de unos

Los ñus abandonan las planicies y se encaminan a uno de los vados en los márgenes del río Mara.

Zawadi con un cachorro de tres semanas en el Desfiladero de los Leopardos. Ella ha dado a luz a nueve crías en total, sólo una de las cuales —Safi— ha sobrevivido.

Como todos los felinos, las madres leopardo transportan a sus crías en el hocico hasta que tienen alrededor de ocho semanas de edad. Los cachorritos tienen pieles con motas muy apretadas.

Zawadi amamanta a Safi y a su hermano en la Colina de las Higueras. Ésta fue su segunda camada de cachorros.

25 m, podíamos mirar hacia abajo el interior de la pequeña cueva y contemplar por primera vez a Zawadi… Mientras mirábamos con los binoculares y su belleza nos maravillaba, Zawadi se puso de pie, se volteó y se hizo más visible. Entonces, para nuestra sorpresa, empezó a dar a luz. Conforme expulsaba el saco, se volvía para ayudar a su salida, y mirábamos atónitos cómo se esforzaba por liberar al cachorro. Unos 20 minutos después se repitió el procedimiento, aunque esta vez Zawadi, probablemente a sabiendas de que tenía público, se desplazó a fin de que no se viera con claridad el nacimiento del segundo cachorro. Pero pudimos observar bien la atención posnatal y la aparición del siguiente cachorro.

Aunque Zawadi permaneció en el desfiladero durante el mes siguiente, nadie vio a sus cachorros otra vez, y ella acabó por abandonar el área. No es posible que las crías hayan sobrevivido, ya que tres meses y medio después fue vista apareándose en el desfiladero, si bien en esa ocasión no logró ser preñada. No fue sino hasta el siguiente agosto —11 meses después de que la vieron dar a luz— cuando tuvo otra camada. De nuevo escogió el desfiladero como lugar de nacimiento.

Durante los primeros días después de nacidos los cachorros, una madre leopardo pasa casi todo su tiempo con ellos, dándoles calor y leche. Cuando se va de caza restringe sus movimientos a un área, regresando cada pocas horas a amamantar a su prole, y cada tanto la transfiere a una nueva ubicación, a veces a no más de 100 m, y con frecuencia a una distancia menor. Vimos a Zawadi mover a su cuarta camada ocho veces en dos semanas conforme se esforzaba en ir de un extremo a otro del Desfiladero de los Leopardos, distancia no mayor de 300 m. En Londolozi, el periodo más largo que una madre pasó con sus cachorros en el mismo escondite fue de 16 días, antes del cual los había cambiado de sitio cada cinco días en promedio. Pero, como habíamos observado con Chui y su madre años atrás, los leopardos adaptan su conducta a las condiciones locales, y si se sienten seguros en una ubicación específica pueden quedarse durante meses.

Zawadi perdió dos cachorros de esa cuarta camada durante su estancia en el desfiladero, y cuando trasladó al tercer cachorro, que tenía entonces unas cuatro semanas, estábamos muy intrigados sobre cuál podría ser su nueva madriguera. Viajó un total de 6 km hacia el norte, llevándolo en su hocico y finalmente escondiéndolo entre las raíces de un árbol caído sobre la ladera rocosa conocida como Roca de Moisés. Se trataba de la misma área donde la habíamos encontrado con su hija Safi el año anterior, y la misma que había usado su madre Media Cola en 1998, cuando criaba su sexta y última camada.

La Roca de Moisés es un lugar ideal, con muchos árboles y malezas así como laberintos rocosos que forman rincones y grietas donde esconder cachorros pequeños. Cuando un incendio provocado por pastores masáis asoló el área en septiembre de 2002, nos preocupó que el cachorro de Zawadi pudiera perecer, pero por fortuna el fuego ardió en torno al árbol caído y, como descubrimos más tarde, Zawadi había transportado su cría a unas rocas más arriba en la ladera.

Tiempo después exploraba la Roca de Moisés a pie, y tuve la oportunidad de ver exactamente dónde había ocultado Zawadi a su cachorro. Debajo del árbol caído había varios pasadizos entre raíces en descomposición y laberintos de rocas, apenas del tamaño suficiente para que un cachorro se introdujera en ellos. Zawadi solía dejarlo mientras se iba de caza, y cada vez que regresaba lo llamaba con un gruñido gutural o un resoplido, y pronto salía el pequeño de su escondite para mamar y ser acicalado. La segunda madriguera era una hendedura de las dimensiones de un cachorro entre las rocas, que conforme se entraba se iba estrechando más, haciendo casi imposible que un depredador pudiera extraer la cría, aunque una serpiente venenosa, como la víbora del desierto, podría introducirse y asestarle un golpe mortal. Si bien siempre he pensado que el Desfiladero de los Leopardos y la Colina de las Higueras son lugares de nacimiento ideales, era evidente que muchas otras áreas ofrecen multitud de refugios

seguros, aunque no sean nada fotogénicas: de hecho, eran una pesadilla para cualquiera que espera fotografiar una madre leopardo con su prole. Pero eso, sin duda, a un leopardo le habría encantado.

Los tres grandes felinos de África adoptan estrategias diferentes para minimizar los riesgos de su joven prole, sobre todo en un sitio como el Mara, con tantos depredadores. Una madre guepardo debe defender y alimentar a sus crías por sí sola, como una leopardo; pero ahí terminan las similitudes. En general, los guepardos se extienden por áreas tan grandes en su búsqueda de presas que los cachorros empiezan a seguir a su madre a partir de las seis o siete semanas, y en lo sucesivo permanecen con ella; su rápida maduración en cuanto a movilidad es una adaptación a esta necesidad, lo que da a la madre la libertad de cazar donde haya abundantes presas. Ello es vital en el Serengueti y en partes del Mara, donde la presa preferida del guepardo es la gacela de Thomson, especie migratoria. Para seguir la pista de los desplazamientos de las gacelas, una guepardo puede tener que emprender largos viajes, así que la vida se facilita cuando sus cachorros pueden seguirla. De hecho puede abandonar a sus pequeños cachorros cuando aún están en un cubil si se ve forzada a trasladarse demasiado lejos; con un periodo de gestación de apenas tres meses, es mejor que lo intente de nuevo cuando las condiciones sean más favorables.

Muchos cachorros de guepardo no sobreviven a los primeros meses, lo cual es sin duda el porqué de que los guepardos tengan camadas más grandes que los demás grandes felinos: no es raro que sean de cinco o más crías. En la década de 1980 a los científicos del Serengueti les preocuparon los informes de que el tamaño de las camadas parecía estar disminuyendo, y se preguntaron si podría deberse a bajos niveles de diversidad genética: la población de guepardos en África es muy endogámica. Lo que encontraron, en cambio, fue que los cachorros de guepardo son muy vulnerables a la depredación y sólo 5% alcanza la madurez en sitios como el Serengueti, donde leones y hienas son responsables de 70% de las pérdidas.

Cuando caza una madre guepardo, los

cachorros jóvenes tienden a sentarse y observar esperando que ella les lleve un cervato de gacela o impala o que los llame con ese silbido agudo como de ave que recorre los llanos y los invita a correr hacia ella, ansiosos por comenzar a alimentarse. Si aparece una amenaza en forma de leones o hienas, la única opción de una madre guepardo es tratar de distraer a estos depredadores más grandes, abalanzándose contra ellos gruñéndoles y siseando, azotando el suelo con sus patas delanteras, erizando su pelaje, mostrando los dientes, y cambiando de dirección cuando está casi encima de ellos gracias a su mayor velocidad, para tratar así de apartarlos mientras los cachorros escapan.

Por su parte, los cachorros de león pueden disfrutar de las ventajas del sistema de manada. Al ser criados como parte de una guardería, reciben el mejor inicio de vida: son amamantados, alimentados y protegidos por la comunidad de leonas. Cuando tienen edad suficiente para ser presentados al resto de la manada —más o menos a las ocho semanas— pueden ser llevados a campo abierto y conducidos a cualquier lugar donde se haya realizado una matanza. En lo sucesivo pasan buena parte de su tiempo con otros miembros de la manada. Aunque las leonas a menudo dejan a sus crías entre la espesura cuando parten a cazar, ello se dificulta cada vez más cuando los cachorros tienen entre seis y nueve meses. A esa edad a menudo insisten en marchar atrás de ellas mientras éstas merodean, y en ocasiones intentan acechar a las presas, proceso en el que a veces arruinan las oportunidades de caza de los adultos, pero adquieren una valiosa práctica en cuanto a cómo, cuándo y qué cazar. Los cachorros de león tienden a descansar juntos —como los guepardos— y los estrechos lazos que establecen con medios hermanos de edad similar son vitales para su bienestar cuando son adultos, pues forjan relaciones que unen a grupos de machos y grupos de hembras de por vida.

Los leopardos adoptan una forma mucho más esquiva de criar a sus cachorros, al esconderlos de la vista durante sus primeros meses de vida y después dejándolos a sus propios recursos gran parte del tiempo.

La vida de un leopardo *71*

Como todos los felinos jóvenes, los cachorros de leopardo son muy curiosos. Los atrae el movimiento, y desde la más tierna edad buscarán acechar y abalanzarse. Es difícil determinar qué tanto aprenden observando a su madre, pues ésta suele cazar sola y necesita permanecer oculta para acercarse a rastras a su presa. Pero en ocasiones llevará de vuelta pequeñas criaturas todavía vivas a sus crías para que practiquen la mordida asesina. Si hay más de un cachorro, jugarán entre sí por horas, y muchos de sus juegos girarán en torno a patrones de conducta que necesitan dominar para cuando sean independientes: acechar, abalanzarse, morder, pelear, escapar de un ataque y aprender a manejar todas las complejidades de cómo matar distintos animales. No obstante, con frecuencia los cachorros buscan sus propios lugares de reposo desde temprana edad, como si prefirieran su propia compañía: forma de ser que caracteriza a todos los leopardos.

Un cachorro a menudo es dominante sobre los demás, ya sea porque es macho y éstos con la edad se vuelven más grandes y fuertes o sencillamente porque tiene temperamento más recio. Como sea, los leopardos conservan su curiosidad durante sus primeros dos años de vida y siguen teniendo un comportamiento típico de los cachorros y un carácter juguetón. Pero en cuanto se establecen y tienen sus propias crías o deben defender un territorio, la vida parece adoptar un aspecto más grave y deben abandonar su relajada conducta.

Como mucho de lo que hacen los leopardos no queda a la vista, es difícil determinar a qué edad hacen sus primeras matanzas, si bien en general parece ser entre los seis y nueve meses. En ocasiones un leopardo puede tener la oportunidad de matar una presa antes

Las gacelas de Thomson son la presa principal del guepardo en el Mara-Serengueti.

de esta edad: fuimos testigos de cómo un cachorro macho de tres meses de Zawadi se introdujo en una hendedura en la Colina de las Higueras y salió con un pequeño damán cuando merodeaba por ahí con su madre y

Una madre guepardo debe estar en alerta constante debido a la amenaza que para ella y sus cachorros constituyen otros depredadores. Por lo regular, los guepardos utilizan montículos de termitas como posición ventajosa para buscar presas o reconocer un peligro potencial.

Dos cachorros de seis semanas de la Manada del Pantano. A esta edad una leona suele mantenerlos ocultos, y los presenta al resto de la manada cuando tienen ocho semanas.

hermana. Unos días después vimos a Zawadi acechando pacientemente a una liebre que se había agazapado inmóvil entre una maraña de vegetación bajo un arbusto de acacia caído. Cuando estuvo suficientemente cerca, se lanzó y cayó sobre ella, capturándola por el pescuezo. En vez de matarla, la llevó con cuidado a lo alto de la colina donde había dejado a sus cachorros, y la soltó —aún viva— frente a ellos. Inmediatamente la atraparon y maltrataron antes de emprender un breve pero violento forcejeo por su posesión, que el macho un tanto mayor ganó. Cuando los cachorros pelean así entre ellos, su madre está pronta a intervenir, dándoles mordiscos hasta que paran de reñir o arrebatándoles la presa y poniéndola en un árbol. Además de desempeñar el papel de

pacificadora y de evitar que se lastimen, puede estar acallando el ruido que hacen los pequeños, el cual podría atraer la indeseable atención de otros depredadores.

A pesar de la necesidad de permanecer escondidos, a veces una madre leopardo puede animar a sus cachorros a tomar la iniciativa. Hess observó a una hembra que llevó a su prole a una madriguera donde se habían refugiado unos jabalíes, y luego se retiró un tanto mientras los cachorros trataban de matar a los jabatos. En otra ocasión una madre leopardo atrapó un impala adulto por los cuartos traseros y dejó que su cachorro se le montara antes de soltarlo. El antílope se sacudió de inmediato liberándose y brincó para escapar, dejando al cachorro mirando perplejo y haciendo que la

madre corriera tras el impala para matarlo de un apretón en la garganta. Una vez muerto el impala, el cachorro lo acechó, se abalanzó sobre él y lo mordió en la garganta. Es evidente a partir de estas observaciones cuán importante es este periodo de ensayo y error de los cachorros para afinar sus habilidades de cazar y matar. Sin su madre ahí para intervenir, fácilmente podrían resultar heridos o ser incapaces de obtener alimento. Aun así, los cazadores bisoños no siempre logran hacer las cosas por sí solos. Una mangosta rayada logró salvar su vida mordiendo a un cachorro que la atacó, obligándolo a ponerse a la defensiva y ganando tiempo para escapar.

Hacia el año de edad un leopardo tiene completos todos los dientes permanentes,

La vida de un leopardo 73

Zawadi se lanza sobre una liebre que sorprendió en la espesura de la hierba. Los leopardos hembras y subadultos invierten mucho tiempo en buscar presas pequeñas como ésta.

aunque sus caninos no alcanzan su longitud máxima hasta que tiene de año y medio a dos años. Esto puede tener algo que ver con el momento en que se vuelven capaces de matar presas más grandes. A menudo la completa independencia parece coincidir con esta transición, aunque, como hemos visto, la llegada de una nueva camada puede ser el factor principal en la separación final entre madre e hijos, y Bella ya mataba gacelas de Thomson adultas cuando tenía un año.

En el Mala Mala un joven macho llamado Macho de Mlowathi se hizo independiente de su madre por ahí de los 14 meses. No mucho después se le vio atacando a un jabalí macho crecido, luchando por someterlo durante 25 minutos en una ruidosa batalla en la que trataba infructuosamente de pasar su apretón de la cabeza del jabalí a la garganta. El jabalí era demasiado grande para que pudiera llevarlo a lo alto de un árbol e, inevitablemente, sus chillidos horripilantes atrajeron una manada de nueve leones, lo que obligó al felino menor a huir para salvar su vida. Más o menos por ese tiempo el leopardo logró encontrar y matar un cervatillo de *bushbuck* al que mordió

en la cabeza. Los cachorros machos son considerablemente más grandes y fuertes que sus hermanas a esa edad, lo que les permite atrapar y dominar a presas mayores. Hess menciona a un macho de 11 meses que mató a un joven impala macho utilizando el apretón de garganta con gran pericia. A esa edad también

trató de matar jabatos y pronto aprendió que las madres jabalí defenderán con bravura a sus pequeños contra depredadores del tamaño de leopardos y guepardos.

Los leopardos jóvenes a menudo persiguen monos vervet de un árbol a otro, cosa que los leopardos adultos no se toman la molestia de hacer, aunque una vez vi a Media Cola comer un vervet que había matado. La joven hembra del Mala Mala que atrapó la atención de Dale Hancock y Kim Wolhuter era especialmente rápida y experta en acosar monos vervet, intimidándolos al punto en que se petrificaban de terror y se aferraban a las ramas, incapaces de moverse. Tjellers, como se conocía a la hembra, los atrapaba sin mucho esfuerzo, arrancándolos de las ramas y asustándolos con un ataque simulado, pero sin matarlos. En cambio, un macho joven de la misma reserva, conocido como el Macho de Hogvaal, tendía a perseguir una presa mayor. Pleno de la exuberancia de la juventud, aunada al tamaño, fuerza y osadía que caracterizan a los leopardos machos, acechaba jirafas, kudúes adultos y ñus, e incluso era común que probara suerte atacando una manada de búfalos que rápidamente se volvían contra él y lo atacaban hasta obligarlo a buscar refugio en el árbol más cercano. No contento con matar presas del tamaño de una cebra joven, atacó a un kudú adulto, brincando sobre

Zawadi lleva una liebre viva a sus cachorros de tres meses para que practiquen sus destrezas de caza.

Entre los objetivos más obvios de los leopardos jóvenes están presas pequeñas como ratones, liebres, mangostas y francolines, criaturas fáciles de dominar y que es improbable que los lesionen. A los ocho meses y un peso de entre 15 y 20 kg, un cachorro macho de Londolozi mató a una civeta totalmente desarrollada que pesaba unos 10 kg, y luego jugó con ella pero no se la comió. En las siguientes tres semanas, él y su hermana mataron un mono, una mangosta rayada, una liebre de los matorrales y un francolín, presas que las camadas previas de su madre no habían empezado a atrapar sino hasta los nueve u once meses. Las presas pequeñas como éstas a menudo son matadas con una mordida en la cabeza o cuello, que es característica de cómo matan los pequeños

felinos; no hay necesidad de aplicar la mordida en la garganta que utilizan los tres grandes felinos. En ocasiones los leones utilizan un apretón asfixiante sobre la nariz y el hocico cuando la presa es un animal realmente grande, como un búfalo; y un leopardo hembra que atacó a un topi con una pata rota —una presa muy grande que no habría intentado matar si el antílope hubiera estado bien— se valió de un apretón similar, pero el topi logró liberarse y escapó.

Zawadi y Safi en 2000. En esas fechas Safi tenía casi un año y había matado (y devorado en parte) una mangosta de cola blanca.

su lomo a la manera en que un león caza a un búfalo y obligando al antílope a caer bajo su peso.

El camino a la independencia exige un alto precio, y la tasa de mortalidad de los leopardos subadultos es casi el doble que la de los adultos. No sólo toma tiempo afinar las destrezas de caza, para reproducirse con éxito un leopardo tiene que establecer un territorio propio. En áreas como el Mara-Serengueti y el

Kruger, los buenos hábitats para los leopardos estarán ocupados, y los mejores terrenos de caza serán agresivamente defendidos por los adultos residentes. En condiciones tan competitivas, no es difícil que un leopardo joven tenga que pelear por un hogar permanente o.quedarse en un área menos productiva, donde las posibilidades de encontrar comida y las oportunidades de aparearse serán mucho menores. No ha de sorprendernos que un

buen número de leopardos jóvenes, viejos o lesionados mueran de inanición o se vean obligados a atacar cabezas de ganado o matar perros en torno a los poblados, y que en represalia sean matados o envenenados.

Asesino silencioso

LOS LEOPARDOS son los felinos con la forma más depurada de caza al acecho, pues se acercan a rastras a sus presas más de lo que leones o guepardos intentarían. El guepardo caza en campo abierto y hace un deslumbrante derroche de velocidad que le permite dar alcance a su presa; el león es un cazador al acecho pero busca presas mayores cuyo arranque de carrera suele ser más lento que el de un impala o una gacela, y seguirá persiguiéndolas en descampado si siente que tiene oportunidad de alcanzarlas en los primeros cientos de metros. Pero un leopardo no puede darse el lujo de cazar en campo abierto, donde corre el riesgo de que lo sorprendan leones o hienas. Es una criatura de los matorrales y los bosques, que suele brincar sobre su presa y dominarla cuando está casi encima de ella. Un leopardo siempre se acerca cautelosamente unos metros más en vez de

lanzarse y perder su presa. El sigilo y dar muerte en silencio son esenciales si no se quiere atraer la indeseable atención de sus competidores más grandes. Por ello un leopardo se aparta rápidamente cuando ha sido visto y resuenan en sus oídos los llamados de alarma que dan aviso a todos de que un depredador anda por ahí.

Dale Hancock y Kim Wolhuter siguieron día y noche la pista de leopardos en Mala Mala por varios años; Wolhuter ahora reside ahí de manera permanente, y Hancock escribió un libro donde narra sus experiencias. Pronto descubrieron que aunque Tjellers, como es característico en los felinos, descansaba buena parte del tiempo, de noche adoptaba una rutina bastante predecible, con tres puntos máximos de actividad. Cuando tenía segura una presa en un árbol tendía a quedarse en las cercanías hasta que la terminaba de devorar, y alternaba

periodos de descanso en el árbol o en el suelo con turnos de alimentación y acicalamiento, aunque a veces iba a beber a la fuente de agua más próxima. Una rutina similar adoptaba Zawadi cuando tenía una presa. En otras ocasiones Tjellers iniciaba la caza al ponerse el sol y continuaba hasta alrededor de las 10 p.m., después de lo cual descansaba donde estuviera hasta alrededor de la 1 a.m. Luego partía de nuevo y continuaba la cacería. Si no lograba atrapar una presa, descansaba unas horas hasta poco antes del amanecer, y después lo intentaba otra vez. Este patrullaje de madrugada a menudo duraba mientras el clima fuera lo suficiente fresco para desplazarse con comodidad. Durante el invierno, cuando el clima era fresco y seco y Tjellers estaba determinada a encontrar comida, podía continuar activa hasta el mediodía. Si estaba cuidando cachorros, a menudo regresaba

Media Cola observa a un impala hembra después de haber emboscado a su cervato "recostado" entre los matorrales y haberlo llevado a la espesura de las acacias.

Observar a un leopardo en trance de cazar es algo sublime, mezcla de donaire, elasticidad y fuerza que se vale de vista, oído y olfato para rastrear a su presa. Los leopardos suelen sentarse y escuchar, olisquean el aire, y quizá se encaramen en un árbol o sobre un montículo de termitas para tener una mejor visión de los alrededores. En ocasiones abandonan su precavido y metódico procedimiento y se lanzan como un guepardo en un veloz esprín para dar alcance a un objetivo fácil, como un cervato de impala o un jabato. Incluso pueden sentarse sobre sus ancas a la manera de una mangosta para mirar por encima de las hierbas altas, cosa que nunca verás hacer a un león o un guepardo, probablemente debido a que los leopardos pasan mucho más tiempo entre las espesuras que ellos. Si bien los felinos no tienen un sentido del olfato tan agudo como los perros salvajes, chacales o hienas, son muy capaces de seguir los rastros de olor que dejan las presas, otros leopardos o sus enemigos. El camuflaje y la paciencia son ventajas muy valiosas. Un leopardo suele vigilar la dirección por la que se

Chui al acecho de impalas. Los leopardos se valen de cualquier cosa para ponerse a cubierto y acercarse a rastras a su presa, y donde no hay cómo ocultarse siempre pueden esperar a que anochezca.

desplaza su presa y luego rodearla para interceptarla, a menudo recostándose a la espera y ajustando su posición si es necesario; es un juego mortal de escondidillas. Puede estar al acecho, ser visto, alejarse y luego volver a acechar a la misma presa. No es raro un acecho de una hora o más, tiempo durante el cual el leopardo a veces observa la dirección de la presa desde una posición ventajosa en un árbol o desde la cima de una loma, y sólo después se encamina en esa dirección, olisqueando el suelo, captando los sonidos de su presa y registrando su trayecto mientras trata de atajarle el camino.

adonde estaban durante los periodos de descanso.

Con presas pequeñas como las ratas de las hierbas, vi a Media Cola y Zawadi ejecutar un salto ágil y de gran arco como el de un serval o un chacal, aterrizando con las patas delanteras justo encima de la víctima oculta en la espesura. Y no existe felino más apto para el desafío de cruzar un terreno abierto, pegándose al suelo con las patas dobladas, avanzando a rastras, y desapareciendo luego en un *lugga* para ocultarse, escudriñando desde atrás de un montículo de termitas o, incluso, sirviéndose de un vehículo para evitar ser visto. Lex Hess observó cómo un leopardo perseguía una manada de impalas en campo abierto, llevándolas hacia la espesura de un soto. Al verse bloqueados por un muro de arbustos, algunos

impalas dieron media vuelta directo contra las zarpas extendidas del leopardo. ¿Quién podría decir si fue estrategia u oportunismo?

Se sabe de la predilección de los leopardos por los perros —domésticos y salvajes— y pueden ser una plaga para un amante de los canes, pues merodean de noche y a hurtadillas por las aldeas y acechan a cualquier perro lo bastante imprudente para considerar seguro cerrar los ojos. Nada es demasiado grande o demasiado pequeño cuando se trata de capturar un perro, o un gato dado el caso. Hace años, cuando vivíamos en el Campamento de Kichwa Tembo, se vio a un leopardo trotando con Esmeralda, nuestro gato doméstico favorito, en su hocico. Una reputación de ferocidad no significa nada para un leopardo, como constató un sacerdote que vivía en la región del Mara

cuando su rottweiler adulto fue atrapado por un leopardo sin emitir un solo ruido. Más recientemente nuestros vecinos de Nairobi, Dolcie y Frank Howitt, vieron destrozada la tranquilidad de un paseo nocturno cuando un leopardo saltó de la espesura y agarró a uno de sus perros, un terrier Jack Russell. Pero hace falta algo más para evitar que Dolcie y Frank salgan a caminar; además, supusieron que el leopardo sólo iba de paso por ahí. Sin embargo, un día o dos después atacó de nuevo. Esta vez Frank, que tiene la constitución de un sólido roble inglés, logró espantarlo, aunque el aterrorizado labrador que dejó atrás necesitó unas buenas puntadas. Más adelante el leopardo fue capturado y trasladado por el Departamento de Vida Salvaje de Kenia.

Entre los cánidos salvajes, el chacal suele

figurar en la lista de las especies que los leopardos matan, lo cual sin duda explica por qué estas astutas criaturas actúan con tanta alarma cuando ven o huelen al gran felino. De hecho, los chacales de dorso negro pueden ser una verdadera plaga para un leopardo, y proporcionar gran alegría a entusiastas del felino, como nosotros, pues lanzan incesantes y agudos ladridos en cuanto ven a nuestro moteado amigo y, en el proceso, nos señalan la dirección correcta. Zawadi mostraba en ocasiones irritación cuando era acosada por chacales, y parecía querer obligarlos con engaños a que se le acercaran. Todos los animales de presa conocen su "distancia de escape", qué tanto es seguro acercarse, dependiendo de su capacidad de dar vuelta y dejar atrás al depredador si es necesario. Zawadi se recostaba de pronto y rodaba sobre su lomo, de modo casi juguetón, tentando a los chacales a aproximársele, para luego brincar sobre sus patas y perseguirlos a rápido galope. Pero los chacales son casi tan taimados como los leopardos, y pueden correr y escabullirse con increíble agilidad, aunque en ocasiones calculan mal y acaban en las mandíbulas del leopardo. Cuando establecen una madriguera en un montículo de termitas, como suelen hacer cada septiembre en el Mara, son especialmente precavidos de no revelar su escondite a un leopardo y tienen más motivos para guiarlos fuera de su dominio.

Hasta las gallinas de Guinea correrán tras un leopardo entre las espesuras de acacias, como si fueran unas cubreteteras motorizadas, cloqueando y dando zumbidos en señal de alarma. El leopardo sabe que la caza ha terminado y rápidamente encuentra otro sitio para ocultarse.

Antes, los artistas a menudo representaban al leopardo emboscando a su presa desde su escondrijo en un árbol y saltando desde las ramas directamente sobre su víctima. Aunque rara vez sucede, el cineasta Richard Matthews logró captar una secuencia así en el Mara en 1985, cuando un leopardo hembra se lanzó sobre el lomo de un potrillo de cebra y le dio muerte. Lo normal es que un leopardo que divisa a una presa potencial desde un árbol

Bella salta desde un árbol tras ser perseguida y acosada por un guepardo macho.

rápidamente descienda y la aceche o corra para tener una buena posición para emboscarla. Desde el suelo cuenta con muchas más opciones para reaccionar ante lo que la presa pueda hacer, y sin duda es muy raro que un leopardo se encuentre en una posición que le permita brincar directamente sobre la presa desde la copa de un árbol, aunque bien puede saltar al suelo y luego abalanzarse sobre ella. Es probable que el más leve movimiento en el árbol dé una advertencia de una fracción de segundo a la presa, que así podría dejar atrás al leopardo.

Los leopardos subadultos, y a veces las hembras adultas, invierten gran cantidad de energía en cazar al acecho a presas pequeñas —en especial liebres y damanes— conforme se desplazan en su territorio, y su blanco suelen ser las crías de muchas especies, entre ellas cervatos de impala, jabatos y becerros de ñus. Las hembras de las especies más grandes, por

ejemplo ñus y topis, defienden a sus crías de los ataques de hienas, perros salvajes, guepardos y leopardos, cosa a la que no se atreven si se trata de leones. Angie y yo fuimos testigos de cómo Media Cola emprendió un ataque relámpago sobre un becerro de ñu de dos meses, nacido meses después de la estación de mayor número de nacimientos en el Serengueti; tal situación lo convirtió en una presa obvia (la mayor parte de las crías de ñus nacen con pocas semanas de diferencia entre sí, lo que ofrece a los depredadores un hartazgo de presas pero, a la vez, da a un individuo la mejor oportunidad de sobrevivir, protegido por las grandes manadas). El ñu hembra corría entre las espesuras de acacias en la cima de la Colina de las Higueras con su becerro pegado a un costado, no lejos de donde Media Cola había dejado a sus cachorros. Media Cola atrapó al becerro, por lo que la madre se volvió y cargó contra ella. Pero Media Cola era demasiado rápida y experimentada, y requirió toda su fuerza para llevarse el becerro a los arbustos más cercanos. El ñu hembra se agitó en los arbustos con sus puntiagudos y curvos cuernos, pero fue en vano: pronto renunció y escapó, permitiendo que Media Cola se llevara el becerro a una de las higueras, con lo que obtuvo alimento para ella y sus cachorros para los siguientes dos o tres días.

Los jabalíes adultos son todavía más peligrosos que una madre ñu encolerizada, a pesar de que todos los grandes felinos cazan intensivamente jabatos y a veces se acuestan para emboscarlos a la entrada de una madriguera esperando a que entren o salgan de ella. Incluso se ha visto a leopardos entrar a una madriguera y sacar a rastras un jabato; en una ocasión Media Cola fue vista cuando atrapaba a tres en una madriguera. Tras devorar

dos de ellos, se vio cómo partía hacia donde esperaba la joven Zawadi en la Colina de las Higueras, cargando al tercer jabato en su hocico. Pero nunca llegó hasta allá. Una hiena la obligó a buscar refugio en un árbol, donde fue demasiada la tentación de comerse al jabato. Invariablemente, un jabalí madre reta a un leopardo que ataca a sus crías, volviéndose de repente y lanzándose contra el depredador, golpeándolo con fuerza y arrollándolo, dándole fuertes dentelladas con sus agudos colmillos inferiores. Muchos leopardos se han visto forzados a abandonar a un jabato y huir para no recibir lesiones serias. Incluso leones han recibido heridas profundas en altercados con un jabalí grande, aunque normalmente éste termina siendo dominado y muerto, sobre todo cuando un segundo león llega a la escena.

A menudo los leopardos muerden pequeñas

presas, por ejemplo jabatos, en la cerviz o la cabeza. Pero cuando su objetivo son animales más grandes, muchos de los cuales —impalas y gacelas de Thomson— tienen cuernos afilados, tienen que adoptar la forma más fácil de dominar a las presas con el menor riesgo de ser lesionados: sujetar al animal en el suelo con una mordida en la garganta evitando cornadas y coces. Con esta técnica el leopardo utiliza con buenos resultados sus largos caninos, acelerando la muerte por pérdida de sangre y estrangulación. En Londolozi, tres cuartas partes de las presas del leopardo se componen sólo de tres especies: impalas, duikers y jabalíes y, de ellos, los impalas constituyen la mayoría de las víctimas, el mamífero grande más abundante del área. También capturan monos, *bushbucks* y liebres, y entre las presas más pequeñas se cuentan ratones, ardillas arbóreas, liebres

Media Cola transporta una cría de ñu a la seguridad de una higuera. Una presa de este tamaño suele durarle entre dos o tres días.

Zawadi es observada por los ñus; su postura y el modo en que arquea la cola indican que no está cazando.

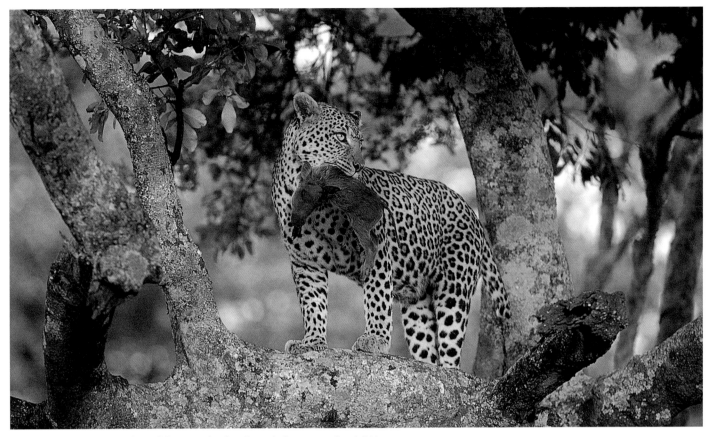

Media Cola en posesión de un jabato. Todos los depredadores grandes del Mara matan jabatos, que nacen entre septiembre y octubre, al inicio de las lluvias cortas.

saltarinas, varanos de las sabanas, tortugas leopardo y aves, en especial: francolines, abubillas, cálaos, codornices y korhaanes. En el Mara un leopardo joven mató varias cigüeñas blancas, "ingenuas" aves migratorias invernales de Europa Oriental, capturando seis de ellas en un periodo de 10 días y desplumándolas con cuidado antes de comerlas.

Esta amplia variedad de presas pone de manifiesto cuán versátil y oportunista cazador es el leopardo, mucho más que los leones o guepardos. La mayoría de sus presas pesan menos de 50 kg, aunque se ha sabido que llegan a matar animales que pesan mucho más que ellos. En una ocasión Media Cola, cuyo peso era de unos 40 kg, mató a un alcélafo de Coke adulto que pesaba 125 kg, y un leopardo macho del Mara atacó a un ñu adulto que tenía una pata rota. Pesaba unos 225 kg y el leopardo lo asfixió tras una larga lucha. Pero es raro que cacen presas tan grandes, sobre todo en áreas donde hay muchos otros depredadores que podrían robarles la comida.

En realidad hay poco que un leopardo no esté dispuesto a matar si tiene hambre; se sabe de un macho grande de la Reserva de la Fauna de Lewa, en Kenia, que mató a una cría de rinoceronte de un mes y la subió a una higuera. Ni siquiera las serpientes son inmunes. Un leopardo de Mala Mala fue visto enredado en un hábil juego con una pitón, atraído por los llamados de zozobra de un duiker que la serpiente acababa de atrapar. El leopardo observaba conforme la pitón se enroscaba en torno a su víctima y la asfixiaba. Cuando se aproximó, la pitón lo atacó agresivamente y el felino retrocedió. Pero tan pronto como la serpiente se tragó al duiker, el leopardo reapareció y la atrapó por la cabeza, forzándola a vomitar su presa, con la que de inmediato escapó el leopardo.

Los cocodrilos son un caso aparte. Se sabe de algunos que han dejado la seguridad del río para robar la presa de un leopardo; incluso en ocasiones los leones pierden sus víctimas cuando los ñus y las cebras cruzan el río Mara,

y acaban en una feroz lucha con uno o más cocodrilos. Hay informes sobre cocodrilos que han matado y devorado leopardos adultos que se aventuraron en las aguas, si bien un leopardo puede llegar a matar a un cocodrilo pequeño para comerlo. Incluso pueden pescar para la cena, sacando los peces con sus zarpas de aguas someras; Angie y yo fuimos testigos de cómo lo hacía una leona joven en el delta del Okavango, en Botswana.

Aunque el leopardo es un depredador consumado, con una excelente adaptación al modo de vida asesino, debe enfrentar la amenaza de la depredación. Muchos cachorros de leopardo mueren antes de cumplir un año, sobre todo en áreas donde conviven leopardos, leones y hienas. Los cachorros demasiado pequeños —o demasiado lentos— para trepar a los árboles a menudo no tienen manera de escapar. La mortalidad en Londolozi y Mala Mala promedió entre 50 y 60%, y en el Mara, que tiene una de las densidades más altas de leones y hienas de África —un león por cada

De todos los competidores del leopardo, es probable que las hienas tengan el mayor impacto en términos de alimento, y ciertamente es así en el Mara. Las hienas son tan adaptables y poseen un olfato y oído tan notables que a menudo son capaces de robarle la comida a un leopardo antes de que pueda llevar un cadáver a la copa de un árbol. Aunque en general matan presas más grandes, también capturan impalas y gacelas jóvenes y a veces adultos, dos de las fuentes de alimento más importantes del leopardo. Las hienas son capaces de buscar jóvenes leopardos y matarlos si no están bien protegidos durante sus primeros meses de vida, pero rara vez atacan a adultos saludables.

Por otro lado, es más fácil que los leones maten leopardos a que los despojen de su alimento; aunque sin duda tratarán de robar la presa de un leopardo si la ven encaramada en un árbol fácil de trepar, es casi seguro que

en el suelo. Alertadas ante la posibilidad de obtener alimento por los llamados de alarma de un par de chacales, dos leonas dejaron la sombra de unos matorrales de crotón donde descansaban y corrieron a averiguar qué pasaba. Desde el instante en que vieron a Media Cola agachada sobre su víctima se pusieron a acecharla. Por fortuna, el leopardo las notó en el último momento y brincó a las ramas más altas de una sólida higuera, donde devoró el resto de su pieza, dirigiendo apenas una mirada a sus adversarios. Incidentes como éste deben ser comunes para un leopardo, para el cual no meterse en problemas es un modo de vida.

Los guardabosques de Londolozi y Mala Mala en varias ocasiones han sido testigos de cómo los leones matan cachorros de leopardo. En una ocasión, un grupo de leones detectó el olor del sitio en que una madre leopardo había dejado ocultas a sus crías en un *donga*. De inmediato cambiaron de dirección y sorprendieron a los cachorros, con un joven macho a la cabeza de la persecución. Aunque uno de los cachorros logró escapar introduciéndose en la espesura, el otro, demasiado lento, fue atrapado. Con un gruñido, el león macho mordió al cachorro, luego lo sacudió varias veces antes de arrojarlo al suelo y morderlo de nuevo. Los otros leones acudieron corriendo a la escena y lo apresaron por turnos para morderlo y sacudirlo, antes de partir a investigar el olor de un impala muerto que la Madre leopardo había matado.

Los leones, excelentes cazadores, se enfrentan a los leopardos con tanta crueldad como harían con un adversario de su propia especie o de otras. Los perros salvajes son especialmente vulnerables, sobre todo cuando un grupo se desplaza a través de un paraje con cachorritos y es fácil de emboscar, situación en la cual los leones matan tantas crías del oponente como pueden. Los leones machos son al parecer mucho más agresivos con otros depredadores que las leonas, debido quizás, en parte, a que son más grandes y pueden intimidar más fácilmente a sus rivales, y también quizá debido a que dependen de los restos de las víctimas de las leonas o de lo que despojan a otros depredadores. Si bien las leonas matan hienas, leopardos y guepardos en ocasiones, no

Safi, a los tres meses, busca refugio en un árbol muerto. La habilidad para trepar árboles desde corta edad suele ser la diferencia entre la vida y la muerte para los cachorros de leopardo a la hora de enfrentar leones o hienas.

3 km² y una hiena por cada kilómetro cuadrado—, el índice de supervivencia es aún más bajo. Tanto Media Cola como Zawadi perdieron 80% de sus crías.

Todos los grandes depredadores compiten por el alimento, aunque la competencia se reduce porque los leones suelen capturar presas mayores que los leopardos, pues matan ñus, cebras y búfalos adultos, mientras que los leopardos en general sólo atrapan a los cachorros de estas especies y prefieren a los ungulados medianos como impalas y gacelas. Tanto leones como leopardos son principalmente nocturnos, pero los segundos muy a menudo también están activos durante el día, cuando la mayor parte de los leones y hienas han buscado la sombra y duermen o descansan.

Una leona de la Manada del Pantano al acecho. Los leones matan leopardos de cualquier edad; los cazan siempre que tienen oportunidad.

no detectarán una "despensa" bien oculta. Los leones rara vez devoran a otros depredadores que han matado, aunque una manada de leones tomó una pequeña porción de carne del cadáver de un leopardo macho adulto que emboscaron en el Mara. El leopardo había huido presa del pánico de un árbol tras ser rodeado por vehículos de turistas, y corrió directamente hacia los leones. Acorralado, nunca tuvo oportunidad de escapar; pronto fue dominado y muerto por asfixia.

Media Cola casi pierde la vida ante unos leones al estar absorta devorando una liebre

Bella gruñe con disgusto, tras haber sido perseguida hasta un árbol por un guepardo macho. En ocasiones un leopardo se ve obligado a sentarse en las ramas de un árbol todo el día después de escapar de los leones.

parecen tener la misma actitud implacable de los machos.

Los leopardos son mucho más impredecibles y veleidosos que los leones. En Mala Mala, Dale Hancock encontró que un leopardo podía permitir que un ser humano pasara cerca de él, agazapado y oculto entre las hierbas, pero si la persona llegaba a notar la presencia del leopardo, éste podría atacar de inmediato. Los leones confrontados por un ser humano a pie tienden a fingir una embestida; pero si uno se mantiene firme en su lugar, normalmente se retiran. Los leopardos suelen atacar, una y otra vez, obligándote a abandonar el sitio. En circunstancias tan aterradoras, parece haber desacuerdo en cuanto a si conviene o no hacer contacto visual: en el mundo de los felinos, fijar la mirada es un acto de agresión, y desviarla, un acto de sometimiento. La mayoría de la gente estaría de acuerdo en que la mejor opción es retirarse sin dar la espalda, y no voltear ni correr, aunque las piernas digan lo contrario.

Ha habido casos en que un leopardo ha sido tan rápido y ágil que logra escapar cuando lo

desafía un león, escabulléndose del adversario, de mayor tamaño. En una ocasión, un leopardo arremetió contra un leona y se detuvo a sólo un metro de su cara, siseando a la defensiva. La leona estaba tan sorprendida por su atrevida demostración que se retiró sin voltear, y el leopardo pudo huir. Criaturas pequeñas y feroces pueden ser aterradoras, en especial si son miembros de la familia de los felinos, que tienen un amplio repertorio de bufidos y gruñidos. No hay duda de que los caninos en forma de puñales y las aguzadas zarpas son razón suficiente para no pelear sin necesidad, independientemente del tamaño del oponente. No obstante, los leones suelen arreglárselas para aterrorizar a un leopardo, lo que hace que éste vacíe su vejiga por la tensión de la confrontación aunque se encuentre ya seguro en la cima de un árbol. De hecho, a un leopardo le basta escuchar el rugido de los leones en la cercanía para salir huyendo, y si capta su aroma, olfatea el suelo examinando con cuidado el lugar, y luego se va en dirección contraria.

Para fortuna de los leopardos, los leones

son más bien torpes para trepar a los árboles, aunque en un caso una leona persiguió a un cachorro de leopardo hasta un árbol, forzando al aterrorizado cachorro a caer al suelo donde otra leona lo maltrató hasta matarlo. Taratibu, hija de Media Cola, fue matada por una leona cuando tenía un año, aunque su madre y hermano escaparon entre los árboles.

La reacción de una madre leopardo al hallar a un cachorro muerto es igual a la que hemos observado en las leonas. Lo olisquea, lamiéndolo y acicalándolo por un rato antes de levantarlo y cargarlo por los alrededores. Luego se dispone a comer el cuerpo sin vida, y a veces coloca su terrible hallazgo en un árbol. Muy a menudo emite un llamado, como ese corto, abrupto y gutural gruñido con que las madres leopardo atraen a sus cachorros para que salgan de su escondrijo, a la manera de los llamados más fuertes y de más alcance que emplean los adultos para avisar a los demás cuál es su paradero. Este proceso de vagabundeo y llamado puede continuar por varios días, a veces hasta una semana, lo cual no es tan fútil

Las hienas tienen un agudo sentido del oído y olfato, y se mantienen al tanto de las actividades de los buitres, que las conducen a las matanzas hechas por otros depredadores.

como podría parecer: una madre leopardo a menudo deja solas a sus crías durante días, y en ocasiones ellas se alejan del escondite, de modo que el llamado y la búsqueda tienen un valor de supervivencia.

Si bien los leones son una amenaza mucho mayor para los leopardos de cualquier edad que las hienas, éstas siguen siendo una plaga para la vida de los felinos moteados. A menudo es una carrera contra el tiempo para un leopardo el esconder su presa en un árbol antes de que las hienas lleguen corriendo, y en el curso de los años hemos sido testigos de incontables interacciones entre ambos depredadores, casi siempre con pérdidas para los leopardos. Mientras se requieren hasta cuatro hienas para forzar a una leona a abandonar su presa, suele bastar una sola para intimidar a un leopardo y que renuncie a su alimento. Pese a toda su ferocidad legendaria, un leopardo sencillamente no suele correr el riesgo de que una hiena lo hiera en una riña, en especial una hiena hembra, que es mayor que su contraparte masculina y pesa entre 10 y 30 kg más que una leopardo hembra.

Las hienas son criaturas increíblemente poderosas, con quijadas capaces de triturar huesos, cuellos con gruesos músculos que

rivalizan con los de un leopardo y una mata de gruesa pelambre que les ayuda a protegerse de mordidas y cortadas. Con rapidez recurren a la violencia si un leopardo se resiste a sus intentos de robarle su presa, mordiendo las ancas, la cerviz o la pierna del felino para forzarlo a soltar el cadáver, aunque si un leopardo tiene a sus cachorros cerca sin duda tratará de defenderlos del ataque de las hienas. Una hembra fue vista al lanzarse contra una hiena demasiado curiosa a la que mordió en el anca, haciéndola huir, pero al instante siguiente llegaron dos hienas más y el leopardo hembra se encaramó prudentemente en el árbol donde tenía a resguardo su presa.

Una vez vi a Chui enredada en una lucha feroz con una hiena por los restos de un impala muerto que Oscuro había dejado caer de un árbol y luego tratado de recoger. La hiena se lanzó sobre él, ignorando el siseo de advertencia de Chui. Oscuro pronto abandonó la víctima y se encaramó en el árbol más cercano. Pero tras haber esperado pacientemente a que sus crías comieran hasta hartarse, Chui no estaba dispuesta a entregar su comida así de fácil.

La situación pronto se convirtió en el equivalente a una riña de cantina. Nunca vi a Chui tan resuelta, y conforme oscurecía parecía incrementarse su agresividad. Atacó con

sus zarpas a la hiena y le hundió sus afilados caninos en la cerviz cuando ésta intentaba llevarse el impala. Por un momento la hiena, furiosa, se opuso a Chui en el suelo; los dos animales lucharon con ferocidad por la posesión del cadáver. Ninguno se atrevía a soltar la presa para morder al otro, por temor de perderla.

Para finalizar, reuniendo toda su fuerza, Chui arrastró a la presa y la hiena hacia un árbol del género *Euclea*, donde originalmente había colgado el impala. Pulgada tras pulgada la forzó a seguirla. Al cabo, fue la hiena la que lo soltó, mordiendo ferozmente la pata trasera de Chui. Ni por un instante ésta se detuvo, haciendo caso omiso del dolor. Al sentir que la batalla estaba casi perdida, la hiena se abalanzó hacia delante otra vez, apresando con sus poderosos dientes la pata trasera del impala que arrastraba Chui, quien siguió jalando y arrastrando, acercándose más y más a la base del árbol. De repente sintió cómo disminuía el peso detrás de ella cuando la hiena cayó hacia atrás en forma poco elegante, pero con la pierna del impala aún apresada entre los dientes. Chui siguió a rastras hacia el árbol —estaba demasiado cansada para saltar—, dejando que la hiena emprendiera la carrera con una porción de carne. En esa ocasión Chui, contrariamente a lo acostumbrado, se quedó con su presa ante un miembro del Clan de la Higuera.

La relación entre leopardos y hienas es compleja, y a menudo tiene una historia, en la cual los individuos de cada especie reaccionan según sus experiencias pasadas. Unos y otras marcan sus territorios, así que los leopardos residentes y el clan local de hienas llegan a conocerse mutuamente y reaccionan entre sí dependiendo de las fuerzas y debilidades individuales. Esto es evidente en la manera en que un leopardo puede ceder de inmediato ante una hiena especialmente grande, aunque no todos los encuentros son agresivos. Si un leopardo está descansando en el suelo y no hay alimento por el cual disputar, con frecuencia se queda quieto y permite que se acerque la hiena. Si bien las hienas tienen una excelente vista, confían mucho en su agudo sentido del olfato. Tienden a aproximarse a un leopardo con el viento a su favor, meneando la cabeza mientras evalúan la situación, asegurándose de que no haya otros peligros —leones, por ejemplo— en las cercanías. Si el leopardo ha matado una presa, la hiena erguirá su cola y se aproximará a la carrera con un gruñido de intimidación para tratar de robar la pieza, y aullará para solicitar refuerzos sólo si no lo logra por sí sola. Una vez vi a una gran hiena hembra lanzarse directo contra Media Cola cuando ésta se encontraba en la base de una acacia, corriendo a gran velocidad hacia ella con todo su pesado cuerpo y poniendo a la leoparda a la defensiva, aunque la presa ya estaba a buen resguardo a 4.5 m del suelo.

Incluso si no hay alimento por el cual pelear, la hiena puede plantarse a centímetros de la cara del leopardo para ver si ha estado comiendo y, de ser así, volverse atrás en busca de la ubicación de la presa. En ocasiones el leopardo mantiene la calma, sin siquiera molestarse en rugir o sisear, pero si se siente amenazado aplana sus orejas mostrando las manchas blancas y negras de su lomo. Con el hocico entreabierto y los labios negros destacando los largos y blancos caninos, se agazapa como un resorte enroscado. Pero a las hienas, al parecer, no les impresionan mucho esos gestos amenazadores; ya los han visto todos y saben exactamente qué tan lejos pueden llegar. En este punto, si no hay carne que ganar, la hiena puede husmear buscando deyecciones del leopardo y comérselas. A veces las hienas siguen a un leopardo o una jauría de perros salvajes, y permanecen cerca de donde estos depredadores descansan, a la espera de que emprendan una cacería para entonces abalanzarse y robarles los despojos.

Aunque las hembras de leopardo rara vez oponen mucha resistencia cuando confrontan a una hiena, los machos son más grandes, más agresivos y es menos probable que sean intimidados; en lugar de sisear, les gruñen a las hienas y son capaces de mantenerse firmes en un encuentro uno a uno. El problema es que

Chui con un impala muerto a buen resguardo del alcance de las hienas.

Un clan de hienas devora un ñu. Las hienas son poderosos depredadores, capaces de matar ñus y cebras adultos cuando cazan en grupo. Suelen hacerlo de noche, pero son también muy oportunistas y devorarán toda la carroña que puedan.

resulta difícil defender una presa y comerla al mismo tiempo, y hay ocasiones en que un leopardo y una hiena pueden alimentarse de un mismo cadáver, pero en cuanto llegan otras hienas es hora de que el leopardo se retire. A diferencia de las hembras, es más probable que los leopardos machos permanezcan en la cercanía de una presa que les han robado, y a veces logran embestir en el momento justo y recuperar parte de ella. En caso contrario, la mejor solución es apartarse rápidamente y cazar de nuevo.

Tanto la personalidad como el tamaño influyen en cómo reaccionan los depredadores entre sí; el grado de hambre también, y algunos individuos son mucho más agresivos y dispuestos a atacar o defender su propiedad. Mientras Bailey realizaba su estudio en el Kruger, al menos dos hienas fueron matadas por un leopardo macho: una estaba almacenada en un árbol, y la otra fue devorada en el suelo. El mismo macho fue visto atacando a dos hienas que trataban de comer de los restos de un jabalí que él había matado, pero escaparon ilesas. En otra ocasión, un leopardo macho grande atacó y estranguló a un guepardo macho

Media Cola se mostraba totalmente relajada en torno a los vehículos y bastante serena —aparentemente— ante el ajetreo y el bullicio de los turistas.

adulto que pesaba 45 kg y luego encaramó el cadáver en un árbol; se tiene noticia de un incidente similar en el Serengueti.

A veces los papeles se invierten. Una vez vi cómo un gran guepardo macho persiguió a Bella hasta obligarla a subir a un árbol, cuando ésta ya casi había alcanzado todo su desarrollo. Parecía muy molesta, gruñendo y rugiendo al guepardo, el cual la miró desde abajo y luego se acostó a corta distancia. Cuando Bella bajó del árbol, el guepardo se lanzó contra ella de inmediato, persiguiéndola hasta una ladera rocosa, donde ella escapó entre la espesura.

Es raro ver un leopardo en mala condición en el Mara, aunque puede deberse a que un leopardo viejo o enfermo pronto sería matado por leones o hienas. En todo el tiempo que pasé allá nunca vi un leopardo enfermo, aunque sí encontré varios guepardos adultos con mala condición de salud, a menudo por una enfermedad llamada sarna sarcóptica. La sarna la causa un diminuto ácaro que va devorando la piel, por lo que la víctima se rasca continuamente, arrancándose la pelambre y dejando heridas abiertas que se infectan por bacterias. Con frecuencia son estas infecciones secundarias las que son fatales. En sí, los ácaros de la piel no son un problema mientras el animal esté sano. Bailey observó que la sarna era un factor importante de la mortalidad de leopardos en el Kruger, y Lex Hess cuenta que los vigilantes de Londolozi tuvieron el dilema de si debían intervenir o no en el caso de un leopardo que padecía sarna, la cual es fácil de tratar con la prescripción correcta.

En este caso se trataba de una subadulta que había estado luchando por encontrar alimento suficiente mientras procuraba no meterse en problemas con los leopardos adultos residentes. Antes de que el área se abriera al turismo, su enfermedad hubiera pasado inadvertida. ¿Es correcto ofrecer ayuda cuando tu acción podría, sencillamente, poner a otros leopardos bajo presión? A final de cuentas, los vigilantes decidieron no intervenir. La joven se dirigió hacia la propiedad del Mala Mala, donde pronto fue tratada y se recuperó.

Cualquier tensión en el entorno, como escasez de alimento durante un invierno

especialmente seco o un incremento del número de leones y hienas, puede causar un alza en los niveles de cortisona del animal, lo que deprime su sistema inmune y favorece que se multipliquen los ácaros. La sarna parece ser uno de los medios de la naturaleza para controlar la población felina, y en ocasiones los leopardos también sucumben ante enfermedades como ántrax, moquillo canino y rabia.

Actualmente hay un leopardo macho en el Hospicio de Nairobi que fue capturado, siendo adulto, en 1985, cuando tenía unos tres años. Por tanto ahora debe ser mayor de 20 y tiene cierto grado de artritis; ya no se trepa a los árboles para descansar, y se le dificulta masticar la comida, aunque fuera de ello es muy activo. Media Cola tenía 11 o 12 años cuando murió, y tuvo la fortuna de vivir tanto tiempo, pues sobrevivió a un flechazo que le atinó un pastor masái en 1997. En ese momento iba acompañada de un macho, y uno de los dos capturó una oveja o cabra, lo que provocó la ira del dueño. La flecha le atravesó la nariz y penetró el paladar, dejando expuesta la punta metálica que laceraba su lengua cuando trataba de cerrar la boca. Por suerte, los conductores de Governor's Camp la vieron y uno de ellos se quedó vigilándola toda la noche hasta que un veterinario del Departamento de Vida Salvaje de Kenia pudo anestesiarla y retirar la flecha.

Si bien puede considerarse viejo a un leopardo de 10 años, en Londolozi y Mala Mala varios de estos animales rebasaron ese límite: la Madre leopardo vivió 14 años y su hija aproximadamente un año más. Pero esto es excepcional, especialmente en áreas donde el más mínimo error de cálculo a la hora de cazar una presa grande o peligrosa —o al confrontar un depredador más fuerte— podría dejar a un leopardo gravemente herido o muerto.

Media Cola lleva una víctima a resguardo tras ser molestada por un águila. La escondió en un arbusto de crotón, pero a la mañana siguiente había desaparecido, probablemente sustraída por hienas durante la noche.

El imperativo territorial

Los leopardos machos son criaturas de aspecto impresionante, que rezuman puro poder muscular. He visto tan pocos machos adultos que incluso ahora cada vez que me topo con uno me acuerdo de los días en que encontrar cualquier leopardo hacía saltar mi corazón.

Durante los primeros años de la estancia de Lex Hess en Londolozi, los leopardos machos adultos parecían tan recelosos con los vehículos como los del Mara, y tanto él como nosotros esperábamos el momento en que uno de los cachorros machos que habíamos logrado observar se estableciera en algún lugar del área, lo que nos permitiría tener una mejor noción de su conducta. Hoy hay machos adultos en nuestros dos viejos lugares preferidos que se muestran muy relajados con los vehículos, sobre todo en el área cercana a Mara Intrepids Camp, donde se ponen carnadas para que los visitantes tengan la oportunidad de observar de noche a los leopardos y éstos se habitúen a los turistas. La razón por la que muchas de nuestras observaciones han sido de hembras con cachorros es en parte que los vástagos hembras a menudo se asientan cuando son adultas en un área adyacente a la de su madre y en algunos casos ocupan parte de la extensión del territorio de ella, pariendo a sus crías en sitios predilectos que hemos llegado a conocer.

Cuando una hembra ha establecido su territorio rara vez se aparta mucho de él, y vive ahí hasta su muerte o hasta que la desplaza un rival más joven. Ella demarca el área dejando su olor individual, leyendo los mensajes dejados por otros leopardos que pasan por ahí, oliscando alrededor de arbustos, árboles caídos y rocas, y luego restregando la cara, la cabeza o el cuerpo contra un arbusto o árbol antes de dar la vuelta y rociar su orina con el aroma característico procedente de sus glándulas anales. Conoce cada rincón y hendidura de su territorio, e incluso puede escoger parir en el mismo lugar en que nació. No es sorprendente, pues, que los leopardos jóvenes se muestren tan reacios a abandonar su territorio natal, o que un leopardo que ha sido reubicado a menudo se dirija de nuevo directamente a su hogar después de ser liberado, sin importar la distancia que deba recorrer.

Bella examina un olor interesante; quizás el sitio donde otro leopardo o depredador orinó o rascó el suelo con sus patas, dejando su aroma.

La naturaleza solitaria e independiente de un leopardo es evidente desde temprana edad. Un león o guepardo joven tiene cuidado de no separarse de sus compañeros, y si se queda rezagado o se pierde, se pondrá muy inquieto y clamará en su aflicción. Los leopardos son mucho más dueños de sí mismos; desde que tienen pocos meses acostumbran detenerse e investigar su entorno, y a veces llegan a separarse de su madre y hermanos en el proceso. Cuando ello sucede el leopardo cachorro se instala en algún lugar seguro —una cueva, bajo un arbusto o en un árbol— y espera a que regrese su madre y lo encuentre. Esta característica de independencia se incrementa mes tras mes, provocada al principio por la forma natural de ser del leopardo y por el deseo de la madre de debilitar los lazos de parentesco.

Cuando un leopardo tiene un año pasa la mayor parte del tiempo solo, y el cambio en la relación familiar se refuerza con la creciente hostilidad de la madre hacia sus vástagos. Al principio no es más que cierta impaciencia cuando los cachorros tratan de saludarla. Ella les muestra sus afilados caninos, sisea o ruge, dando a entender que quiere estar sola, una mezcla de "Quiero un poco de paz y

Media Cola y Zawadi marcan con sus garras la corteza de una acacia, con ello mantienen afiladas sus garras y dejan una marca visible que otros leopardos pueden leer.

tranquilidad" y "Es tiempo de que crezcan y se valgan por sí mismos", como reacción a los despliegues manifiestos de afecto de un cachorro o a la insistencia en ser alimentado. El vínculo se debilita más conforme la madre deja gradualmente de llevar a su cachorro a la presa muerta, aunque si el leopardo joven realmente batalla por encontrar caza suficiente puede aún permitirle comer con ella. La diferencia radica en que antes la madre solía llegar y buscar a sus cachorros, pero conforme crecen la responsabilidad de hallar a la madre es de ellos, y han de cazar por sí mismos.

Una hembra suele aparearse y preñarse unos meses antes de abandonar finalmente a sus crías. Los cambios en los últimos estadios de preñez, cuando se vuelve aún más reservada y quiere estar sola, ayudan sin duda a que termine el contacto entre la madre y su camada anterior, aunque, como vimos en el caso de Media Cola y Bella, no hay absolutos: en ocasiones un leopardo joven puede mantener el contacto con su madre hasta la edad de 20 meses o más.

Mientras observábamos a la madre de Chui, la Hembra de Mara Buffalo, con sus dos crías en 1983, noté una marcada diferencia en el desarrollo de los dos sexos. En ese tiempo escribí:

Cuando los cachorros tenían un año, el joven macho había abandonado Mara Buffalo Rocks como sitio de reposo. Se había mostrado mucho más independiente que su hermana, que parecía requerir una relación más estrecha con su madre. El macho, más grande, fuerte y rápido, estaba probablemente mejor equipado para complementar el alimento que a veces aún obtenía de las matanzas de su madre y ya estaba matando piezas menores. Quizá cuando se trata de la crianza de una sola cría, un cachorro macho puede mantener una asociación estrecha con su madre durante más tiempo. Pero en estas circunstancias particulares sencillamente no había suficiente comida para permanecer en las cercanías.

En las pocas ocasiones en que pude observar a la Hembra de Mara Buffalo aún seguía acompañada de su hija, al menos hasta que ésta llegó a los 14 meses de edad. No podría decir qué papel desempeñó ella para que su hijo se hiciera más independiente, aunque pude observar heridas en el lomo de él que pudieron ser causadas por una pelea con otro leopardo.

Es muy diferente la manera en que una madre guepardo trata a sus vástagos subadultos. No hay una separación gradual del lazo familiar y hay pocos signos de agresión entre la madre y los cachorros mientras permanecen juntos. La separación de una familia de guepardos suele ocurrir cuando los cachorros tienen entre 14 y 18 meses. Sencillamente, un buen día la madre se va… o lo hacen los cachorros. Después es raro que la familia restablezca el contacto, aunque las crías permanecen juntas unos meses más, y luego las hembras de la camada suelen hacer una vida independiente mientras los machos siguen unidos de por vida.

Quizá la ausencia de agresividad en la madre sea la diferencia entre los sistemas de territorialidad de guepardos y leopardos. Los guepardos hembras no defienden un territorio, y sus vagabundeos son tan amplios —de hasta 800 km^2 en el Serengueti— que sería imposible hacerlo. Son mucho más nómadas que los leopardos, probablemente debido a su predilección por las gacelas de Thomson, que son migratorias. Obtener comida ocasional de su madre una vez que se han separado simplemente no es una opción para los guepardos jóvenes, razón por la cual, quizás, permanecen con sus hermanos por unos meses, lo que les permite una mayor vigilancia contra otros depredadores y una mejor oportunidad de que uno de ellos logre matar una presa que podrá ser compartida.

Nunca he visto guepardos jóvenes entablar una fiera pelea por comida como hacen los leopardos. Más que luchar, compartir es la norma de una madre guepardo y sus cachorros. El tiempo es esencial, y no tiene ninguna ventaja que cada uno espere su turno; los guepardos no pueden almacenar su presa en un árbol y deben comérsela rápidamente y seguir adelante antes de que los buitres atraigan hienas o leones a la escena. En ocasiones los cachorros rivalizan por la posición, maniobrando con el cuerpo o sujetando con firmeza un trozo de carne o piel, cada cual tirando en sentido contrario, pero lo común es que lo más agresivo sea un gruñido

La Hembra de Mara Buffalo y su hija de 14 meses. A menudo las hijas acaban compartiendo el territorio de la madre, aunque como adultas procuran evitarse.

o rugido de baja intensidad y cada uno acabe por ceder un poco o escape con el hueso de una pierna.

Lex Hess siguió a un joven leopardo macho obligado a independizarse por la agresividad de su madre. Rechazado por ella e incapaz de encontrar suficiente alimento por sí solo, empezó a merodear por el campamento y a veces robaba carne al personal. Unas semanas después se le vio tratando de entrar en contacto de nuevo con su madre. Ella iba desplazándose, emitiendo llamados y marcando con su olor, como si estuviera buscando aparearse. Su hijo estaba a 500 m de distancia; se detuvo y escuchó cuando ella llamaba y luego se dirigió hacia el sonido, respondiendo con su propio llamado y con el gruñido gutural que utilizan los cachorros cuando buscan a su madre. Aunque la hembra optó por ignorar las tentativas de su hijo, el joven macho encontró su aroma, siguió sus pasos y respondía a su llamado cada vez que ella lo emitía. En un momento dado, él ya estaba a 100 m de su madre, pero ella continuó su marcha y dejó de hacer llamados. Al cabo, el macho perdió el rastro del olor de la madre y comenzó a merodear de nuevo en torno al campamento.

A pesar de su tierna edad el joven macho se las arregló para encontrar alimento suficiente para sobrevivir los siguientes meses. A los 15 meses mató un jabato luego de una escandalosa confrontación con la hembra. Ignoraba que su madre estaba a sólo 50 m con una presa propia y en compañía de una nueva camada. Alertada por la conmoción, la hembra se acercó a investigar, observando mientras el joven

Safi saluda a su madre, Zawadi, que responde con un refunfuño desalentador, forma no perjudicial en que una madre leopardo obliga a sus vástagos a independizarse.

macho estrangulaba al jabato al pie de un árbol. Cuando el macho alzó la mirada descubrió a su madre que, sentada, lo observaba. Los dos se miraron uno al otro: el macho gruñía tranquilamente y la madre le devolvía la mirada. Entonces ella se agazapó encarando a su hijo, defendiendo su terreno cada vez que aquél avanzaba hacia ella gruñendo. Después de unos minutos ella se levantó y volvió hacia donde había dejado a sus cachorros. Así son los felinos: muestran desdén por otros felinos, disgusto ante los extraños, ponderan a sus oponentes, agresiva antipatía, un afán de atacar y expulsar al intruso aguijoneados por la amenaza de los peligrosos dientes y garras que pueden infligir lesiones tan terribles.

La tarde siguiente el joven macho fue a beber y emitió su llamado. A Hess le sorprendió

LOS LEOPARDOS subadultos y jóvenes de ambos sexos constituyen un grupo aparte de la población de leopardos, cada cual con su propio territorio. En un principio, éste puede traslaparse no sólo con el de la madre, sino con parte del de su padre. Dependiendo del área, una hembra adulta puede estar dispuesta a compartir una porción de su territorio con su hija mientras ésta llega a la adultez, y la hija puede ampliar su territorio hacia el de otra hembra (que también puede ser su pariente). Pero hay veces en que esto no es posible cuando no hay espacio suficiente, en especial si una hembra ya ha criado a una o más hijas hasta ser adultas. En estas circunstancias, la hembra joven tendrá que irse, como ocurrió con Media Cola cuando se hizo independiente, o pelear por la posesión del terreno con un residente, sin importar que sea su madre, hermana o un adulto no pariente.

A los leopardos jóvenes que han abandonado (o están en proceso de dejar) su territorio natal y aún están buscando un lugar dónde establecerse se les ha descrito como "flotantes". De ellos, los machos suelen verse forzados a vagar más lejos mientras maduran y es más difícil seguirles la pista. Si sobreviven —y muchos no lo logran— se establecen en un área vacante o en las márgenes de territorios ya existentes, donde finalmente pueden llegar a adueñarse de un nicho para ellos. Si bien la proporción de sexos al nacer es de uno a uno, entre la población adulta se acerca más a un macho por dos hembras.

Zawadi observa su territorio, no lejos de la Roca de Moisés, con la Escarpadura de Siria al fondo. Zawadi —como Media Cola antes que ella— vive fuera de los límites de la Reserva del Mara, entre los pastores masáis.

escuchar que ese joven leopardo anunciara su presencia con tanta osadía, y se preguntó si trataba de localizar de nuevo a su madre. Luego de satisfacer su sed, remontó la orilla, pero al alcanzar la cumbre de una elevación volvió sus orejas y mostró los dientes con un gruñido, aplanando su cuerpo contra el suelo.

En ese momento un gran macho se lanzó hacia la cima de la orilla en una manifestación de intimidación y lo atacó. Ambos leopardos rodaron hacia el agua; cuando llegaron al fondo el más joven logró escabullirse de debajo de su oponente más poderoso y huyó. El de más edad lo persiguió un rato, pero a la mañana siguiente

el joven estaba de nuevo en la misma área, como si el percance no significara nada, aunque en los dos meses posteriores empezó a alejarse más y más.

En muchas formas los leopardos machos jóvenes llevan una vida similar a la de los leones nómadas que son demasiado jóvenes para

reclamar un territorio propio y deben merodear mientras procuran no ser lastimados hasta que alcanzan su completo crecimiento. Los leones maduros no suelen atacar a los jóvenes que aún no exhiben una melena bien crecida. Pero en cuanto los nómadas tienen cuatro años y empiezan a desafiar el orden establecido

mediante marcas de olor y rugidos, ya no hay duda de sus intenciones y los machos de la manada residente defenderán su territorio con fiereza. Lo mismo sucede con los leopardos. Los machos mayores en general toleran a la generación más joven hasta que casi son capaces de procrear, y evitan hacer un grave daño a un subadulto, aceptando signos de sumisión como cuando el macho más joven se arroja suavemente contra su costado y expone su vulnerable garganta.

A pesar de ser raras las peleas de gravedad, tanto Patrick Hamilton como Ted Bailey encontraron pruebas de conflictos al examinar leopardos a los que pusieron radio collares. Algunos tenían heridas abiertas ya sea por mordidas o por zarpazos, otros tenían cicatrices y signos de viejas heridas en orejas, nariz y ojos. Sin duda, en ocasiones los machos pelean con dientes y garras, a la manera de gladiadores en que los participantes alcanzan las partes traseras como hacen los leones y tigres machos, dando dentelladas y zarpazos, separándose y volviendo a la refriega hasta que uno ha tenido suficiente y escapa. Los zarpazos de un leopardo pueden causar heridas superficiales; el peligro mayor es ser mordido en el cuello, la garganta o la espina dorsal con esos caninos de 6 cm. El doctor Luke Hunter, que actualmente estudia a los leopardos de la Reserva de Recursos de Phinda, Sudáfrica, recientemente me informó que uno de sus machos fue muerto por un recién llegado de cuatro años que lo sorprendió dormido y lo mató sin lucha de una sola mordida en el cuello.

Una lucha importante ha de ser por algo que valga la pena, y en el caso de los machos, en general se trata del control de un territorio y el acceso que ello supone a hembras para reproducirse. La mayor estabilidad se da cuando los machos han poseído un territorio por un tiempo, y llegan a conocer a sus vecinos como "enemigos queridos", reconociendo que pueden vivir uno junto a otro si ambos respetan los derechos de posesión del otro y en general se mantienen en su territorio. Pero si hay alguna debilidad o diferencia significativa de tamaño entre los machos, entonces uno puede sacar ventaja poco a poco de ello: del mismo modo en que un león macho más grande o más

experimentado tiende a dominar a uno más pequeño o más joven en una coalición. Y es probable que una hembra en estro siempre provoque conflictos entre cualesquiera machos en el vecindario.

Hancock y Wolhuter pensaban que las batallas por territorio en ocasiones eran guerras de desgaste. Pudieron seguir la fortuna cambiante de un leopardo conocido como el Macho de Flockfield, que se estableció como adulto al sur de los territorios de dos machos residentes, los machos de Jakkalsdraai y Mlowathi. Con el tiempo el núcleo del territorio del Macho de Flockfield se desplazó más de 40 km debido a la presión de sus vecinos. Durante un periodo de dos semanas en 1994 los machos de Flockfield y Jakkalsdraai se encontraron regularmente a lo largo de su frontera común, la cual marcaban rascando con las patas traseras, removiendo la tierra y arañando con las garras algunos árboles para dejar signos visibles que otros leopardos reconocieran. Los dos machos caminaban por la orilla occidental del Cruce de Boomer, y cada uno trataba de intimidar al otro para que retrocediera, desfilando hombro contra hombro, salivando profusamente con una mezcla de agresión y temor contenidos. Era como si dos púgiles se enfrentaran con la mirada, cada cual desesperado por obtener ventaja psicológica. En cuanto un macho lograba adelantarse al otro, intentaba ponerse en el camino de su rival, incitándolo a correr y hacer que se marchara. Si uno de los dos se detenía, bajaban sus cuartos traseros y marcaban el suelo con arañazos, luego rodaban sobre su lomo y restregaban su cabeza en el suelo. Pero este despliegue de fuerza nunca fue más allá, como si cada macho dijera: "Mira qué grande y fuerte soy, ¿por qué no te largas antes de que te lastime?"

Sea lo que fuere lo que se "dijeran", el mensaje finalmente obligó al Macho de Flockfield, de más edad, a conceder la ventaja y renunció a otro pequeño trozo de su territorio. En otras palabras, estaba aceptando que el Macho de Jakkalsdraai tenía el predominio y le ganaría en caso de pelear. Nunca se volvió a ver al Macho de Flockfield tan al norte, se encaminaba más bien al este, hacia el Parque de

Kruger, siempre que llegaba al Cruce de Boomer durante sus patrullajes regulares fronterizos de tres o cuatro días. Al cabo pasaba todo el tiempo en los grandes terrenos de inexploradas estepas de arbustos del Kruger, y a sus 14 años todavía se encontraba por ahí para cuando Hancock y Wolhuter terminaron su filmación, aunque quizá ya no en lo mejor del territorio.

Una pregunta queda por resolver: "¿Hasta qué grado son territoriales las hembras de leopardo?". En general, las adultas no muestran señales de lesiones por conflictos con otros leopardos. Pero sin duda perseguirán y lucharán con un rival cuando sea necesario, y defenderán activamente su territorio aun cuando no se trate de su propiedad exclusiva. Como hemos visto, los leopardos machos jóvenes a menudo usan el territorio de la madre cuando empiezan su independencia, y fuera de la competencia por la comida no plantean ninguna amenaza para su madre al seguir aprovechando el área. Pero cuando las hembras jóvenes llegan a la edad de procrear, expulsarlas parecería ventajoso para la madre. Sin embargo, el grado en que las hembras se adhieren a este convenio varía de una región a otra y quizá se relaciona con varios factores: densidad de población de leopardos, abasto de alimento y competencia con otros depredadores.

Observadores en Mala Mala y Londolozi han sido testigos de encuentros entre madres e hijas que arrojan luz sobre cómo las parientes hembras adultas se adaptan a compartir zonas de la misma área. Un incidente fue especialmente feroz y sólo terminó cuando la hembra más joven cayó de un árbol en el que tuvo lugar el enfrentamiento con su madre. Aunque todavía era algo menor que su madre, la hija opuso una briosa defensa al ser atacada.

Lex Hess describe una interacción entre la Madre leopardo y su hija subadulta, en una época en que la Madre tenía dos cachorros de 11 meses. Llevaba a sus crías al lugar en que había escondido un impala en un árbol, y se encontró con que su hija mayor había descubierto la pieza y ya estaba comiendo. El cachorro hembra se acercó al árbol agresivamente, mostrando sus dientes a la hermana mayor con un rugido gutural. Ésta contestó del mismo modo; ambas se miraron con fijeza, con un sonoro siseo. El embate duró 10 minutos, hasta que la cachorra no pudo contenerse y con un fuerte rugido se abalanzó sobre su hermana, brincando al árbol para atacarla, alentada, sin duda, porque se trataba de su comida y de su territorio. Hallándose a la defensiva, la hermana mayor saltó unos 7 m hacia el suelo.

La Madre leopardo, que había estado observando todo el tiempo, se adelantó y mordió a su hija mayor en la base de la cola cuando ésta daba la vuelta y huía, asegurándose de que continuara su camino. Al día siguiente, se vio a la Madre merodeando en la misma área, emitiendo llamados y marcando con su olor, probablemente como consecuencia de la intrusión, aunque bien pudo estar buscando pareja. Se habían roto los mecanismos normales para evitarse y debían ser fortalecidos. Ya no volvió a verse por ahí a la joven hembra, y la Madre acompañó a sus cachorros hasta su independencia, abandonándolos cuando tuvieron 15 meses. Tres meses después dio a luz de nuevo.

No obstante, en general las interacciones ente madres e hijas no son especialmente serias o dañinas: una breve disputa, una persecución quizá, y luego todo termina. En la mayoría de los casos, las hembras cuyos territorios se traslapan sencillamente se evitan, como ilustra la historia de otra hembra y su hija en Londolozi. La hija había fallado en su intento de emboscar un hato de impalas, pues los hizo bufar con fuerza en señal de alarma. Su madre estaba a 200 m en ese momento y, al oír a los impalas, empezó a emitir llamados, alertando a su hija de que ella estaba en el área. De inmediato, la hembra joven se detuvo y miró en dirección del llamado, luego caminó unos metros y rascó con vigor el suelo con sus patas traseras antes de girar 90 grados y alejarse, haciendo pausas a menudo para marcar con orina los arbustos. La madre se desplazó entonces en la dirección contraria. Ninguna mostró intención de iniciar una persecución, quizá porque estaban cerca del límite compartido de sus territorios adyacentes. La madre acababa de empezar a desplazarse en sus actividades hacia el norte,

permitiendo que su hija se estableciera como residente permanente en la parte sur de su antiguo territorio, cosa que vimos hacer a Media Cola cuando Zawadi maduró. Tener a un pariente como vecino, alguien cuyos hábitos conoces y con quien tienes una historia común

Media Cola y Zawadi. Media Cola crió dos hijas hasta la madurez:
Bella, que nació en 1992, y Zawadi, en 1996.

es, probablemente, menos impredecible que ajustarse a un leopardo desconocido. De hecho, el parentesco puede ser la razón de que las hembras permitan que las jóvenes adquieran un territorio cercano, lo que sólo es posible cuando el compartir es eventual.

El grado de tolerancia entre las hembras se modifica, sin duda, según la etapa del ciclo reproductivo en que se encuentren. Una madre que está a punto de dar a luz o con cachorros pequeños probablemente será menos tolerante a las intrusiones, en especial cuando ella y sus

vástagos están confinados a una pequeña parte de su territorio; y las hembras con cachorros jóvenes son muy agresivas cuando se sienten amenazadas. Pero si una hembra no marca constantemente su territorio puede dar la impresión a un animal más joven o a un adulto

Zawadi amamantando a Safi, de tres meses, en un montículo de termitas. Los leopardos, como los guepardos y leones, suelen encaramarse sobre estos montículos para tener una buena vista de los alrededores, sobre todo cuando la hierba es alta.

transeúnte de que el área no está ocupada. Ello ayuda a explicar por qué las madres leopardo dejan solos a sus cachorros por periodos largos desde corta edad: no lo hacen sólo para ir de caza.

Tjellers, la hembra que siguieron Hancock y Wolhuter, permaneció cerca de su cubil cinco días después de parir, luego partió a hacer su patrullaje fronterizo. Pronto encontró el olor de otra hembra —la terrateniente vecina— que tenía cachorros grandes. Tjellers se detuvo a oliscar el suelo, rodó sobre su lomo y luego trotó continuando su camino, emitiendo unos ásperos gruñidos y parándose un poco para escuchar mientras los intrusos desaparecían en el *lugga* cercano. Hubo una breve conmoción cuando hizo salir de la espesura a la otra hembra y la persiguió unos 150 m antes de caer sobre ella. Tuvo lugar una corta pero brava pelea antes de que se soltaran y se pusieran cara a cara a 2 m de distancia, siempre gruñendo. Ambas recibieron heridas y ninguna parecía dispuesta a renovar hostilidades mientras se dirigían al norte, una al lado de otra, a la manera en que los machos territoriales caminan en paralelo en una disputa fronteriza. En un momento dado, se detuvieron para rascar y revolverse en el suelo; luego la madre de los cachorros de más edad los llamó para que se reunieran con ella. Pero estaban demasiado asustados para salir de su escondrijo entre los arbustos, y las hembras siguieron en lo suyo, hombro con hombro, salivando profusamente por la tensión del encuentro.

Al cabo, se recostaron a 5 m de distancia. Diez minutos después Tjellers se levantó y fingió cargar contra su oponente, que se negó a ceder terreno. Tras otros 20 minutos, se alzó y se encaminó de vuelta en la dirección de la que venía, deteniéndose cada tanto para rascar el suelo con las patas traseras: cosa que las leonas suelen hacer después de un encuentro con intrusos o un combate con hienas por comida; al parecer ello eleva su confianza y afirma su pretensión sobre el área. Una vez que la hembra emprendió su camino, Tjellers avanzó y se revolvió donde su adversaria había dejado sus marcas, siguiendo sus rastros por un tiempo para confirmar que se había ido.

A partir de estos ejemplos resulta evidente que los leopardos adultos en ocasiones se encuentran y deben familiarizarse con sus vecinos y evaluar constantemente sus fuerzas y debilidades. La forma en que un leopardo se comporta y con cuánta agresividad está dispuesto a defenderse él mismo y su territorio se ve modificada hasta cierto grado por el lugar donde se da el encuentro. Mientras más cerca esté el leopardo del núcleo de su área —el corazón de su territorio— es más probable que pelee para defender su derecho y que el intruso huya y no se resista. Sólo cuando otro leopardo está determinado a apoderarse del territorio de un residente es probable una lucha seria.

También parece haber diferencia en la defensa de un territorio según se trate de un macho o una hembra, como sucede con los leones. En general un león macho posee un territorio por corto tiempo. Su vida está dedicada a maximizar las oportunidades de procreación, y por ello no tiene tiempo que perder. Se sabe de leones que han luchado a muerte en defensa de su territorio o por adquirir uno. Las leonas también defienden su territorio, y lo pasan de una generación de hembras a otra, principalmente un coto de caza y un sitio que ofrezca escondites adecuados para los cachorros, como sucede con los leopardos hembras. Con los leones, las reyertas por territorio con otros grupos de hembras no son tan apremiantes ni tan fieramente disputadas como las que se dan entre rivales machos, aunque a veces las leonas matan a una contrincante que no es de la manada. Pero en general son guerras duraderas más que batallas únicas y decisivas, lo que parece ocurrir también entre leopardos hembras.

Puede verse cómo el sistema de uso del terreno que tienen los felinos solitarios, por el cual las hembras adultas toleran que sus hijas se establezcan en un área adyacente o incluso compartan una porción de su territorio, quedándose una parte para sí mismas, da a las jóvenes la mejor oportunidad de encontrar un espacio vital y procrear. En las circunstancias correctas, ello podría evolucionar hasta un modo de vida más social, en el que madre e hija compartieran la responsabilidad de criar los cachorros, cazaran juntas y defendieran sus presas contra las hienas. Puede ser que haya sido esto lo que dio lugar al sistema de manadas que caracteriza a la sociedad de leones en una región tipo sabana, rica en presas.

El hecho de que muchas jóvenes leopardo se establezcan en o cerca de su propia área natal plantea el problema de la endogamia, con la posibilidad de que un padre se aparee con una de sus hijas. Hancock presenció un incidente así con uno de los vástagos de Tjellers. La sociedad de los leones está organizada de tal modo que es raro que los padres se apareen con las hijas. Normalmente, las leonas no procrean con éxito hasta los cuatro años, época para la cual casi seguramente los machos de la manada habrán sido expulsados y sustituidos por otros con los que es improbable que las hembras tengan parentesco. Los leopardos machos no empiezan a procrear (aunque ya

sean maduros sexualmente) hasta que han adquirido un territorio, para cuando es probable que tengan mínimo tres años. En un área donde la competencia es feroz, el poseedor de un territorio puede ya haber sido desplazado para cuando su hija esté lista para procrear, y también es posible que la mayoría de las hembras terminen estableciéndose en territorios contiguos a los de otros machos o simplemente eviten aparearse con su padre y busquen un macho de un territorio colindante.

Hasta hace poco la idea aceptada era que, fuera de los pocos días que un leopardo macho y una hembra pasan juntos cuando se aparean, rara vez se encuentran, y que de hecho se evitan. Pero los años de observación en Londolozi y Mala Mala nos han presentado un leopardo diferente del felino solitario descrito en el pasado. Ahora sabemos que machos y hembras que habitan terrenos que se traslapan a veces se encuentran, a menudo sin que haya signos de hostilidad, aunque se han dado casos de machos que matan hembras. Algunos encuentros incluso podrían describirse como amistosos, en el sentido de que los leopardos no pelearon ni se mostraron molestos por la presencia del otro. Existen informes similares en cuanto a tigres machos y hembras que en ocasiones se asocian para una matanza, o sobre una madre que socializó brevemente con el padre de sus crías, y ellas con él.

Además de comunicarse mediante lenguaje corporal, los felinos se valen de ciertos llamados para reducir la posibilidad de agresión y mostrar que sus intenciones son amistosas. A ese tipo de llamados se les denomina *prusten* o, menos formalmente, *chuffing*, que a mi parecer expresa mejor el sentido de un sonido con un dejo juguetón. Como sea que se le denomine, consiste en una serie de resoplidos ásperos y repentinos que parecen fuertes aspiraciones que hacen soplando abruptamente por las ventanas de la nariz con el hocico cerrado. La primera vez que escuché ese sonido fue en 1983, mientras observaba a Chui llamar a Claro y Oscuro para que salieran de su escondrijo en la Colina de las Higueras. Es un llamado moderado e íntimo, perfecto para no atraer la atención de los depredadores; Chui a menudo parecía preferir

este llamado al gruñido breve, áspero y más bien rudo y gutural, más utilizado para que una madre entre en contacto con sus crías. Este último gruñido es más sonoro, y por tanto más apropiado cuando una madre busca activamente a sus cachorros y no está segura de su ubicación; puede ser modificado en timbre y volumen. Si bien Chui emitía aquel resoplido suave cuando sus crías eran pequeñas, nunca escuché a Media Cola llamar de esa manera, ni a Zawadi: ambas preferían el gruñido gutural.

Los leopardos nebulosos emiten este resoplido tenue en situaciones de contacto amistoso, como hacen los tigres, jaguares y onzas. Es parte integral del comportamiento de saludo del tigre, que se describe como "exhalación forzada del aire por las ventanas de la nariz y el hocico, que produce un aleteo de los labios". Se dice que las tigresas casi siempre emiten este resoplido tenue con sus crías, y ambos sexos lo utilizan durante el cortejo y el apareamiento. Nunca he escuchado a los guepardos o leones usar este sonido como saludo, aunque en su libro *Wild Cats of the World,* Mel y Fiona Sunquist mencionan que "los leopardos, y los leones, tienen una vocalización denominada 'resoplido', análoga al *prusten* de tigres, jaguares, leopardos nebulosos y onzas". Se dice que el resoplido se articula principalmente por la nariz, aunque no estoy convencido de que, al menos en el caso de los leopardos, el sonido que emiten no sea el resoplido tenue o *prusten.* Hancock y Wolhuter escucharon a leopardos adultos emitiendo resoplidos tenues en varias ocasiones durante encuentros amistosos, con lo que se ayudaba a reducir la tensión entre individuos que pasan la mayor parte de su tiempo solos.

Una vez, Hancock y Wolhuter registraron cómo el Macho de Jakkalsdraai anunció su llegada con tenues resoplidos y fue saludado amigablemente por Tjellers, que estaba acompañada por dos cachorros pequeños. Podría esperarse que ella saltara y reaccionara agresivamente ante la repentina llegada de un macho, pero el hecho de que lo conocía y probablemente fuera el padre de sus crías sin duda influyó en su respuesta. En realidad, si hubiera reaccionado con agresividad podría

Chui con Oscuro cuando éste tenía tres o cuatro meses. Las crías lloriquean para que las alimenten y aunque empiezan a comer carne desde las siete u ocho semanas, siguen mamando durante sus primeros tres o cuatro meses, a veces más, en especial si el alimento es escaso.

haberlo incitado a que la atacara a ella y a su familia. En todo caso, los cachorros se dispersaron en cuanto él gruñó, aunque en ningún momento pareció amenazarlos. En otra ocasión, cuando los mismos adultos notaron la presencia uno de otro, ambos empezaron a resoplar de este modo en un amistoso dueto para darse seguridad mutua, como si dijeran: "Que no cunda el pánico, todo está bien, no me propongo atacarte". Ésta es una forma vital de comunicación entre individuos tan bien armados, y refuerza la idea de que si bien los leopardos pueden ser esencialmente solitarios, no son tan antisociales como se pensaba. Aprenden a reconocer el olor, el llamado, el porte y el temperamento de otros leopardos de su área, y reaccionan en consecuencia.

Hancock también observó al Macho de Jakkalsdraai oliscarse nariz con nariz con Tjellers tras haberse emitido resoplidos tenues. Luego el macho se encaramó en el árbol donde

Tjellers había depositado su presa. No hubo ninguna disputa por la comida; sencillamente los leopardos adoptaron su rutina normal de alimentación en la cual uno come solo antes de ceder el turno al otro. En este caso los cachorros, que aún estaban en la copa del árbol, mordieron el costado y la cola de su padre mientras éste se atragantaba sin provocar una respuesta violenta. Ello no significa que los machos no sean en ocasiones duros en su trato con las crías —o así podría parecernos a los seres humanos—, al gruñirles y maltratarlos cuando quieren que los dejen en paz. A menudo los leones machos reaccionan de una manera igual de tosca cuando los cachorros tratan de llevar un saludo rutinario a una sesión de juegos. Pero aun cuando un macho podría lanzar un gruñido de advertencia, mostrar sus enormes caninos y dar unos mordiscos a los cachorros para que dejen de molestarlo, ello no produce lesiones serias; aunque nunca olvidaré la vez que vi a un

macho de la manada atacar brutalmente a un cachorro de 18 meses que trató de apoderarse de una pierna de ñu que el macho quería para sí. Una sola mordida bastó para dejar al cachorro retorciéndose en agonía, y nunca lo volví a ver. Pero esa disputa se dio por alimento en una época en que todos en la manada estaban hambrientos y no tenían misericordia… ni con su progenie.

Al igual que los leones machos, cada leopardo reacciona de modo distinto según su edad, estado de salud y temperamento. El Macho de Jakkalsdraai parecía especialmente tolerante con los cachorros de Tjellers. Fue visto con ellos en varias ocasiones, y una vez, cuando ella tenía una sola cría de pocas semanas, el macho rastreó a la madre y el cachorro hasta su cubil. Tjellers lo miró acercarse mientras yacía amamantando al pequeño y de inmediato comenzó a emitir un resoplido tenue, lo que hizo que él se echara a trotar. El cachorro dejó de mamar y rodó más que caminó hacia el macho, que se apartó y se puso bajo un arbusto, tal vez porque lo ponía nervioso la posibilidad de que Tjellers pudiera reaccionar en forma agresiva contra él dada la presencia del cachorrito.

Lex Hess también observó un encuentro "amistoso" entre un leopardo macho y una hembra con dos crías. Los adultos se saludaron, restregándose las cabezas y entrelazando sus colas, y luego se alejaron juntos. La hembra estaba por conducir a sus cachorros hacia una presa victimada, y luego los cuatro se instalaron en el árbol donde estaba el cadáver, tomando turnos para comer, mientras una hiena esperaba abajo para ver si le dejaban algunos restos. No se vio ningún signo de agresión entre los leopardos, lo que da sustento a la teoría de que la reacción de un individuo hacia otro depende mucho de la experiencia anterior y de circunstancias específicas, evidenciando cierta flexibilidad que dificulta las generalizaciones. En este caso el macho permaneció con la hembra y sus cachorros, compartiendo por un día la presa, en tanto la hiena recibió finalmente la recompensa por su persistencia cuando la caja torácica cayó al suelo.

Algunas de estas interacciones pueden obedecer al deseo del macho de obtener comida fácil, conducta semejante a la de los leones que en ocasiones se aprovechan de las presas de las leonas de su manada como parte del precio que deben pagar las hembras por la protección que les dan los machos a ellas y a sus crías contra los peligros de los intrusos. El Macho de Jakkalsdraai parecía empeñarse en seguir el rastro de las hembras de su área, revisando su condición sexual y alimentándose con las presas que hubieran cazado; ésta podría bien ser la norma de los machos territoriales. En ocasiones los machos abandonan una pieza parcialmente devorada para ir a merodear, cosa que rara vez hace una hembra. Se observó a Tjellers conducir al Macho de Jakkalsdraai en una búsqueda inútil una tarde en que él pretendía acompañarla cuando llevaba a sus crías al sitio donde había escondido su presa. Esto la hizo virar en la dirección opuesta, conduciendo al macho en torno al territorio de ella hasta que éste se rindió. Sólo entonces Tjellers volvió para acabar su comida en paz.

Estoy convencido de que aún hay mucho por

Chui descansando en las Cuevas del Cachorro con Claro y Oscuro cuando tenían tres o cuatro meses, edad suficiente para que un cachorro acompañe a su madre a cazar, aunque cuando Chui lograba una buena presa a menudo la llevaba al escondite de las crías para alimentarlos.

descubrir en torno a estos enigmáticos felinos, y que con la ayuda de nuevos aparatos de rastreo, binoculares de visión nocturna, intensificadores de imagen y cámaras infrarrojas, saldrá a luz un mundo más complejo en cuanto a cómo conducen los leopardos su vida.

Taratibu y Mang'aa juegan a pelear. A sus cinco meses, Mang'aa (a la derecha) ya era más grande y fuerte que su hermana y podía dominarla en este tipo de situación cuando jugaban rudo.

Asesinos por naturaleza

Los leopardos machos son capaces de determinar la disposición sexual de las hembras de sus territorios analizando su aroma. Todos los felinos poseen un órgano en el paladar, llamado órgano de Jacobsen, que tiene dos aberturas en forma de cavidad atrás de los incisivos delanteros. Cuando un macho pasa por donde hay una marca olorosa de una hembra, retrae su labio superior en una mueca y aspira una corriente de aire que pasa por las depresiones de su hocico, lo que le permite analizar el contenido hormonal. Si la hembra está entrando en celo, seguirá su rastro aromático con la esperanza de aparearse con ella.

Es una experiencia excepcional y emocionante observar leopardos mientras se aparean. Tuvimos la suerte de filmar ese acontecimiento durante la primera serie de *Diario de grandes felinos:* descubrimos a Bella con un macho en una colina rocosa que descollaba en lo alto del *lugga* de Bila Shaka. Un leopardo hembra en estro es una mezcla de solicitud y agresión, y su reacción inicial ante un macho puede verse atenuada o exasperada por contactos previos. Ello puede conducir a cierto conflicto, en el cual la hembra gira y rechaza al macho cada vez que éste se acerca. Pero esta actitud no suele durar mucho. Al observar a Bella armonizar con su pareja, tuvimos la impresión de que era ella la que tomaba la iniciativa. Por momentos era casi cómico ver la seductora manera en que se aproximaba al macho, moviéndose rápidamente hacia él desde su lugar de reposo en la hierba a unos metros de distancia. Caminaba rodeándolo, y cambiaba de lugar tan rápido que al principio él parecía algo perplejo. Describí la ocasión en *Mara-Serengeti: A Photographer's Paradise* [El Mara-Serengueti: paraíso de un fotógrafo]:

Cuando los descubrimos apareándose, estaban en un manchón de espesos arbustos de crotón en la cima de una colina rocosa que bordea el extremo norte del lugga de Bila Shaka. El macho era enorme —parecía tener el doble de tamaño de Bella—, con un pelaje oscuro y la punta de su manchada cola algo colgante. Bella estaba en el punto culminante de su estro, y tan excitada que apenas podía mantenerse quieta más de un minuto. Se escurría hacia el macho, volviéndose de repente y empujando provocativamente sus cuartos traseros en la jeta de él antes de apoyarse en su cabeza por añadidura, empujándolo desde abajo de su barbilla e incitándolo a adoptar una posición sedente. Luego se lanzó hacia delante y se agazapó, con las orejas aplanadas hacia atrás, gruñendo. En cuanto el macho se puso sobre ella se estiró abruptamente y cubrió con su hocico el cuello de la hembra, exponiendo

Media Cola con el gesto característico de la reacción de *flehmen*, que es como los felinos analizan los aromas, aspirando el olor en su hocico y examinándolo.

Zawadi bosteza. Los largos caninos de un leopardo sirven para atrapar y matar a su presa.

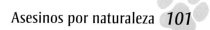

nosotros, cuando los últimos rayos dorados de luz caían sobre su pelaje manchado. Angie y yo permanecimos cerca de la pareja que se apareaba hasta que oscureció, con la esperanza de poder escuchar sus llamados. Fue una de esas noches en que el sol contrasta con nubes que parecen de tinta negra, proyectando sombras profundas sobre las altas hierbas doradas. A ratos uno de los leopardos se levantaba, o se volvían a aparear, acercándose cada vez más adonde estábamos estacionados. Nos sentíamos como voyeurs, al extraer un intenso placer de un momento tan extraordinario y observar a esas dos criaturas solitarias, prácticamente extraños, unirse brevemente y restregarse entre sí del modo más íntimo.

Los leopardos en trance de aparearse muestran poco interés en el alimento, aunque, como los leones, suelen aprovechar cualquier presa que merodee por su territorio. La única ocasión que se vio a leopardos apareándose emprender una cacería, abandonaron su comida antes de acabarla para seguir sus vagabundeos. Otras personas que los han visto aparearse comentan que el macho a menudo brinca a un lado tras eyacular, a veces por encima de la cabeza de la hembra para evitar que ésta gire y le dé un zarpazo. En ocasiones las leonas actúan con la misma agresividad después de aparearse, quizá porque el pene tiene unas diminutas espinas que apuntan hacia atrás, que se cree ayudan a estimular la ovulación de algún modo, tal vez al frotar las paredes de la vagina.

Ésa fue la primera vez que vi a Bella en más de dos años y medio. Entonces tenía cuatro años, así que había la posibilidad de que ya hubiera tenido una camada y estuviera lista para aparearse de nuevo. Pero no había ningún informe de que la hubieran visto con cachorros y era posible que todavía no hubiera criado ninguno. Desde que se volvió independiente, Bella ya nunca fue el mismo leopardo despreocupado y confiado que era cuando estaba en compañía de su madre. Llegó a tomar a mal la intrusión de los vehículos en su vida. Era claro que deseaba estar sola y cargaría contra cualquier carro que se acercara

Bella, a los seis meses, descansa en un árbol en el *lugga* de Ngorbop. Se estableció al este de su territorio natal, pero siguió compartiendo una fracción del área con su madre.

sus largos caninos en forma de dagas. Mientras Bella emitía sonidos sordos —un gruñido bajo y profundo—, él dejó escapar un sonido como murmullo de elevado timbre, una explosión gutural inesperada y extraordinaria de ronroneo, muy distinta al sonido que emite un león al aparearse. Pronto se hizo evidente un patrón. Cada 50 minutos más o menos, Bella iniciaba otra sesión de apareamiento, y el acto mismo no duraba más de 10 segundos, con intervalos de apenas unos minutos antes de copular de nuevo, lo cual se repitió

cuatro o cinco veces en total; luego se hacía el silencio mientras ambos felinos se acostaban por su lado, ocultos de la vista, en los altos pastos. Una noche, pocas semanas después, encontramos a la pareja copulando de nuevo. Bella seguramente no había concebido y tuvo otro estro. Se les había visto juntos en el Desfiladero de los Leopardos y cuando llegamos se habían desplazado a una ladera cubierta de altos pastos. Era un campo minado de rocas ocultas, pero pudimos seguir adelante; en un momento dado, Bella vino hacia demasiado y, en efecto, muchos lo hicieron. Bella decidió retirarse a ese mundo secreto que muchos leopardos habitan, lejos de la vista del hombre gran parte de su vida. Tiempo después me dijeron que la habían visto con crías, aunque nunca pude localizarla de nuevo. Si aún está viva tendrá 10 años de edad, una anciana para los estándares de los leopardos.

Dale Hancock y Kim Wolhuter lograron observar una interesante secuencia de acontecimientos cuando Tjellers entró en celo unos 10 meses después de dar a luz a su camada previa y aparearse con el Macho de Jakkalsdraai. Cuando la pareja enamorada se cruzó con los cachorros de Tjellers, las dos crías escaparon ante los sonidos del apareamiento. Tjellers no pudo concebir, quizá porque no estaba lista para ser madre de nuevo o porque son muy pocas las posibilidades de que una hembra conciba: según Bailey, existe sólo 15% de probabilidades de que una hembra se embarace tras una sola sesión de apareamiento, lo que concuerda con la baja tasa de concepción —20%— que se ha reportado en el caso de los leones.

Un mes después Tjellers se apareó otra vez con el mismo macho y los mismos infructuosos resultados. Estas sesiones mensuales de apareamiento continuaron en los siguientes meses y duraban incluso seis días, hasta que finalmente se escuchó a un segundo macho emitiendo su llamado por el noroeste. Casi de inmediato Tjellers se fue en esa dirección. El Macho de Jakkalsdraai trató de cortarle el paso, con lo que provocó que ella se agazapara y le siseara a la defensiva. Poco a poco ella logró avanzar hacia el otro macho, con el de Jakkalsdraai siguiéndola, hasta que Tjellers salió de sus propios dominios. Ahora estaban en la frontera del territorio del Macho de Jakkalsdraai y de pronto se encontraron cara a cara con el Macho de Mlowathi. De inmediato Tjellers mostró un comportamiento sumiso, aunque ello no impidió que el macho la atacara.

Luego el Macho de Mlowathi persiguió al de Jakkalsdraai de vuelta a su territorio, mientras ambos emitían sus llamados una y otra vez. Tjellers siguió al Macho de Mlowathi al territorio de éste, aunque ya para entonces ella estaba lejos de sus dominios. Mientras

estuvo con el macho se encontró a salvo de ser atacada, pero en cuanto acabó de aparearse tendría que negociar sola su camino de regreso a casa, esperando no encontrarse con alguna hembra del área. Este apareamiento también fue infructuoso, y un mes después se apareó nuevamente con el Macho de Jakkalsdraai y logró tener una cría. Todo ello ocurrió en casi un año, término tras el cual los cachorros de su camada anterior tenían 21 meses y podían valerse por sí mismos.

Investigaciones realizadas en India arrojan conocimiento sobre la vida de otro gran felino solitario, el tigre, e indican que la mayor probabilidad de peleas entre machos se da cuando una hembra está en estro y los machos transgreden los límites normales de sus territorios al intentar aparearse. Los tigres machos tienen una vida reproductiva mucho más corta que las hembras, entre siete meses y seis años, con un promedio de poco menos de tres años, la mitad del de las hembras. Los tigres machos que pierden su territorio en su primer año de residencia no logran procrear ninguna descendencia… ninguna que sobreviva, al menos.

Según otro estudio, dos tigresas pudieron engendrar por muchos años hasta que fueron expulsadas de su territorio, y aunque sobrevivieron hasta los 13 años y medio y 15 años y medio respectivamente, ninguna logró procrear de nuevo tras haber perdido la seguridad de un territorio propio. Es evidente que, como ocurre con los leopardos, un sistema estable de posesión de terreno ofrece más probabilidad de éxito en la procreación a los individuos que gozan de un dominio propio. Cuando no hubo cambio de posesión de territorios, hasta 90% de los cachorros de tigre de este estudio sobrevivieron, pero cuando los machos residentes morían o perdían su territorio, un infanticidio generalizado reducía la supervivencia de cachorros hasta 30%. En Bandhavgarh, donde la población de tigres machos es menos numerosa que en la mayoría de las otras reservas, los desafíos no son frecuentes, y un macho llamado Charger ["el que ataca"] mantuvo un territorio durante 10 años y vivió hasta los 17, mucho más de lo que podría esperarse en otras circunstancias.

Cuando empezó a haber informes de incidentes de infanticidio entre leones se pensó que era una forma aberrante de conducta. Pero desde entonces se sabe que también ocurre entre tigres y leopardos, y puede considerarse normal… incluso imperativo. El infanticidio por parte de un nuevo macho que se apodera de un territorio le asegura no sólo la mejor oportunidad de reproducirse, sino de permanecer en el área el tiempo suficiente para que sus crías cuenten con un ambiente estable en el que puedan crecer: en el caso de tigres y leopardos como mínimo se necesitan dos años a partir de la concepción para que lleguen a la independencia. El infanticidio sencillamente acelera el proceso de cambio, al hacer borrón y cuenta nueva genéticos mediante la destrucción de los vástagos del anterior macho dominante en el territorio y, de paso, reduciendo la competencia por alimento con las crías de otros machos.

El infanticidio ocurre principalmente entre roedores y carnívoros, pero también es relativamente común en muchas sociedades de primates. Los monos langures de la India y los gorilas pierden hasta 30% de sus jóvenes por los machos impacientes por procrear, y se han notificado pérdidas de hasta 60% entre

Media Cola intenta hacer salir a Bella de debajo de un vehículo de safari. Los grandes felinos del Mara se acostumbran tanto a los vehículos que prácticamente los ignoran.

Asesinos por naturaleza **103**

*L*OS LEONES, *por ser sociables, adoptan una estrategia de crianza de sus cachorros distinta de la de leopardos y tigres. El león macho pasa un tiempo considerable en compañía de las leonas de su manada (aunque ello puede variar de un área a otra), obteniendo alimento de las presas que matan las leonas, y a menudo quedándose cerca de las que tienen cachorros —sus cachorros—, sobre todo cuando éstos son pequeños y están en su máxima vulnerabilidad. Ello contribuye a asegurar que machos extraños no tengan oportunidad de matarlos. Los leopardos no viven de esta manera. En vez de invertir tiempo y energía en permanecer cerca de una hembra y sus crías y, posiblemente, haciendo peligrar su capacidad de cazar con éxito, un leopardo macho pasa la mayor parte de su tiempo —si no está durmiendo o descansando— haciendo patrullajes en su territorio, asentando una red de marcas de olor y rasguños a lo largo de sus límites, así como emitiendo llamados y a veces anunciándose para que cualquier posible rival sepa que el área está ocupada. Ello significa cubrir su territorio en forma regular, a veces recorriendo 10 km o más en una noche en su intento por disuadir a cualquier rival de establecerse en el área. Aun así, el infanticidio es una amenaza real para los cachorritos. Cada vez que un macho territorial muere o es desplazado, el nuevo macho dominante del territorio tratará con toda seguridad de perseguir*

El macho más viejo de las Planicies de los Topis se aparea con Mama Lugga, una de las leonas del Pantano, tras haberse apoderado de la manada de ella.

y matar a cualquier cachorro que, por su corta edad, no logre escapar.

El macho de las Planicies de los Topis vigila a Mama Lugga para que ningún rival se acerque y se aparee con ella.

los monos aulladores rojos de Sudamérica. Los infanticidios parecen exacerbarse por el largo periodo de dependencia de los jóvenes de estas especies y su necesidad de permanecer constantemente con sus madres, lo que hace relativamente fácil que los machos identifiquen qué hembras no están receptivas para la procreación. En tales circunstancias, tendría sentido que un macho permaneciera con una hembra con la cual se ha unido para proteger a sus vástagos contra el infanticidio que pudieran perpetrar machos de reciente llegada… y contribuir a disuadir a otros depredadores de atacarlos. Es probable que los temibles caninos de muchos monos evolucionaran como armas para intimidar a los rivales en la competencia por la reproducción, con el beneficio añadido de ser sumamente efectivos como defensa contra los depredadores.

Siempre que un león macho encuentra una hembra en celo la sigue de inmediato, permaneciendo a un metro o algo así para evitar que otro macho tenga acceso a ella. Sus compañeros de coalición deben esperar su turno… a veces tras dos o tres días el primer macho pierde el interés en la hembra, lo que permite que uno de los otros se aparee con ella.

Esta conducta aparentemente promiscua por parte de la hembra puede ser esencial para el bienestar de cachorros nacidos en la manada tras el cambio de posesión. Si los machos se han apareado con varias leonas de la manada y a veces con la(s) misma(s) que sus compañeros de coalición, ninguno de ellos puede saber quién procreó a los cachorros nacidos. Esto ayuda a asegurar que los machos ofrezcan un apoyo igual en la defensa de los cachorros y que no traten de matarlos: todos actúan de un modo paternal. Con toda probabilidad todo león macho que logra adueñarse de una manada ha sido un asesino de cachorros en algún momento de su vida, y es probable que así lo hagan la mayoría de los leopardos… no tienen opción si es que han de cumplir su imperativo sexual y engendrar cuantos cachorros sea posible durante su dominio del territorio.

Vi leones machos entregarse al infanticidio,

Unos cachorros de la Manada del Pantano intentan mamar de su madre sobre un montículo de termitas.

pero nunca pensé que lo encontraría entre los leopardos. Una mañana, hacia finales de 1997, Angie y yo presenciamos un incidente de este tipo en el Desfiladero de los Leopardos. Estábamos trabajando en una serie para la televisión estadounidense llamada *Wild Things* [Cosas de la naturaleza], precursora del estilo "real" que estaba desarrollando *Diario de grandes felinos*, y que empleaba presentadores para llevar a la pantalla la emoción y la maravilla de estar con animales salvajes en lugares exóticos. En julio, cuando Zawadi tenía año y medio, Media Cola se había apareado de nuevo, y a principios de octubre había dado a luz su quinta camada. Para entonces había poco o ningún contacto entre las dos leopardos, aunque en buena medida sus territorios se traslapaban. Cuando Angie y yo oímos que Media Cola tenía cachorros, decidimos enfilar hacia el Mara con el equipo de filmación de *Wild Things*.

Al llegar localizamos a nuestro amigo Enoch Isanya, uno de los conductores-guías de Mara River Camp. Durante los últimos años Enoch había pasado meses siguiendo a Media Cola y sus varias camadas como guía de Fritz Polking, quien recientemente había escrito un libro sobre el leopardo más famoso del Mara. La noche anterior Enoch había visto a Media Cola llevando a un diminuto cachorro de una cueva

Un cachorro de diez semanas juega con la cola de su madre. A los cachorros les encanta jugar con la cola de su madre; en realidad, cualquier punta de cola que tire de acá para allá es irresistible.

a otra y estaba seguro de que había otro ahí. Estábamos emocionados ante la posibilidad de tener excelentes oportunidades de filmar tanto a Media Cola como a Zawadi, a la que habían visto cerca de la Colina de Observación, 1 km al este del Desfiladero de los Leopardos.

A la mañana siguiente encontramos a Media Cola en el desfiladero, relajada como siempre, haciendo pausas para rociar su olor en el parachoques de uno de los vehículos y luego escondiéndose detrás de otro para escudriñar un rebaño de impalas. Se movía con cautela, buscando liebres entre la maraña de hierba en la base de unas acacias derribadas por el paso

de unos elefantes, oliscando y rociando arbustos y rocas, dejando su rastro aromático que informaría a otros leopardos que ella residía allí y debían evitar el área.

Esa noche nos dijeron que Media Cola había matado una gacela de Thomson en la Colina de Observación y que la encaramó en un árbol. Pero cuando llegamos al lugar a la mañana siguiente encontramos a Zawadi devorando la pieza. Quizás el conductor se había equivocado y todo el tiempo había sido la hembra más joven, o quizá Zawadi había descubierto la caza y se apoderó de ella mientras su madre amamantaba a sus nuevos cachorros en el Desfiladero de los Leopardos. Los leopardos no se niegan a comer restos, y en ocasiones hemos visto machos alimentarse de un animal matado por una hembra en el territorio de ellos. Pero en general las hembras adultas se evitan y permanecen cerca de su víctima hasta que dan cuenta de ella.

A la mañana siguiente fuimos de nuevo al Desfiladero de los Leopardos con la esperanza de encontrar a Media Cola, pero nadie estaba preparado para lo que ocurrió. Nuestro vehículo de apoyo había observado un leopardo en el desfiladero y nos llamó por radio. Cuando llegamos vimos de inmediato que no se trataba de Media Cola. Este leopardo era receloso y tenía la cola completa. Era un macho joven con nariz rosada y orejas sin ninguna marca: estaba en perfectas condiciones. Al principio creí que podía ser Mang'aa, el hijo de Media Cola, que entonces tenía casi cuatro años y en ocasiones todavía se le veía en el área, si bien casi siempre más al oeste. Pero este leopardo no era tan oscuro como Mang'aa, ni se mostraba tan relajado en presencia de los vehículos. Tenía un pelaje de tonos pálidos y ciertamente no era el macho que habíamos visto aparearse con Bella el año anterior, que pensábamos era el padre de la última camada de Media Cola.

Angie y yo nos sentimos francamente intranquilos. El macho parecía nervioso y obviamente investigaba el área, casi con certeza buscando dónde había escondido Media Cola sus crías. Si bien el rastro oloroso que Media Cola había esparcido por el desfiladero serviría para disuadir a otras hembras adultas de usar el área, su única defensa contra otros machos era

Un joven leopardo macho ronda la entrada del Desfiladero de los Leopardos, en busca de la última camada de Media Cola.

la presencia de un macho territorial. ¿Era ese macho joven el nuevo leopardo dominante en el territorio? ¿Había logrado expulsar al anterior y buscaba sus propias oportunidades de aparearse? Quizás el macho anterior había sido matado o había muerto, dejando la puerta abierta a cualquier recién llegado. Para complicar aún más el misterio, otro vehículo encontró dos damanes muertos con la piel parcialmente arrancada sobre una roca al pie del desfiladero, cerca del escondrijo de los cachorros de Media Cola. ¿Acaso ella había notado la presencia del macho temprano en la mañana y rápidamente se alejó, abandonando su comida?

Una y otra vez el joven macho se detenía a oliscar las rocas y continuaba en silencio su búsqueda, quizás inquieto ante la posibilidad de encontrarse de pronto a la vieja hembra. De repente saltó atrás de una roca y desapareció entre los altos pastos que ocultaban la entrada de una cueva. Momentos después reapareció con un diminuto cachorro en su hocico, sujetándolo por la cintura como un gato a un ratón. El cuello del cuerpo sin vida estaba ensangrentado. Arrojó al cachorro tras la roca y volvió a entrar en la cueva para reaparecer con un segundo cachorro. Después revisó la cueva una tercera vez, pero ya no había crías por matar. Imaginamos que

devoró los dos pequeños cadáveres antes de seguir sus merodeos por la cima del desfiladero.

Divisamos a Media Cola descansando en un árbol a unos 200 m. ¿Había visto al macho rondando la cima del desfiladero? Sin duda debió ver a los dos leones jóvenes que aparecieron en escena alrededor de una hora más tarde. El leopardo macho sí los vio y, luego

de ver que se acercaban, prudentemente se escabulló.

Más tarde, Media Cola regresó al desfiladero. Obviamente pudo oler al macho mucho antes de llegar al sitio donde había dejado a sus cachorros. En un momento dado dio un brinco hacia un lado mientras avanzaba con cautela en torno a las rocas, mostrándose temerosa. No entró en la cueva sino que, olfateando cuidadosamente en las cercanías, siguió su marcha hacia una higuera gigante que se yergue como centinela en la orilla oeste del desfiladero. Lo que no notó fue que el leopardo macho la vio acercarse y estaba agazapado entre las rocas. Entonces debe de haberse dado una violenta confrontación, pues lo que vi después fue a Media Cola trepando por el tronco de la higuera, refugiándose entre las ramas de la copa. El macho la persiguió, y antes de que yo tuviera tiempo de mover el vehículo, uno de los leopardos se vino abajo entre una lluvia de hojas y ramas: una caída de más de 6 m.

Media Cola descansa en un árbol que domina el Desfiladero de los Leopardos, a unos cientos de metros de donde el macho estaba matando a sus cachorros. Es difícil que una hembra desafíe a un macho, dado que son más grandes y fuertes.

El joven leopardo macho sale con uno de los cachorros, al que ya ha mordido en el cuello y matado. Ambas crías murieron de este modo y tal vez fueron devoradas.

Probablemente se trataba de Media Cola. Pero no, fue Media Cola la que descendió por el ancho tronco de la higuera, siseando una advertencia al macho para que siguiera su camino. Nosotros dimos un aplauso silencioso a la impetuosa hembra mientras el joven macho se escabullía, seguido a distancia por Media Cola, cojeando de una pata delantera que sangraba.

Permanecimos con Media Cola la mayor parte del resto del día. Ella yacía entre los rastrojos oscurecidos en la ladera del desfiladero, con saliva escurriéndole de los labios. Parecía ansiosa y perturbada, pero no intentó volver al lugar donde había dejado a sus cachorros, como si supiera que habían muerto.

El padre de las crías de Media Cola sin duda se habría opuesto con vigor a la presencia de este joven macho adulto, peleando si era necesario para expulsarlo. Pero el territorio de un macho es grande, y no puede ser ubicuo. En ocasiones otros machos se ven obligados a incursionar en su área, y los jóvenes merodean en amplias extensiones cuando buscan un lugar donde establecerse. Tarde o temprano, todo macho dominante en un territorio debe enfrentar el desafío de machos más jóvenes y aptos. Matar cachorros es parte natural del ciclo por el cual los machos ganan o pierden el derecho a un territorio para reproducirse. Si alguna criatura está capacitada para hallar por el olfato el sitio donde una madre leopardo ha ocultado a sus crías, es otro leopardo.

Semanas después un amigo notificó haber visto a Media Cola aparearse con un gran macho en un manchón de bosque, justo encima del manantial que alimenta el pantano de Musiara. En un momento dado ella lo siguió a lo largo del río Mara, pero regresó uno o dos días después. Cuando empezamos a filmar la segunda serie de *Diario de grandes felinos*, a principios de septiembre de 1998, ella había dado a luz a su sexta camada y se había desplazado más hacia el norte, quizá forzada a dejar el Desfiladero de los Leopardos y la Colina de las Higueras a Zawadi.

Si el joven macho que mató la camada anterior de Media Cola logró establecerse en el área, ciertamente no fue el único que tuvo acceso a la Colina de las Higueras y al Desfiladero de los Leopardos: durante la filmación de nuestra tercera serie en 2000

Multitudes de ñus avanzan sobre la colina que conduce al pantano de Musiara. Siempre pueden encontrar ahí agua durante la estación seca, aunque los Leones del Pantano suelen yacer esperándolos entre los carrizales.

tuvimos la suerte de observar otro macho adulto, y éste era inconfundible. Quijada Colgante, como llegó a conocérsele, se distinguía por una vieja lesión o deformidad en su quijada inferior que había dejado la parte delantera (entre sus dientes traseros y los caninos) colgando cuando tenía el hocico entreabierto. Dudo que sobreviviera de haber nacido con tan pronunciada deformidad, así que quizás una cebra le propinó una coz cuando intentó derribarla, y de algún modo pudo subsistir mientras sanaba. Una cosa era indiscutible: para entonces gozaba de completa salud, lo que demuestra cuán hábiles y fuertes son los leopardos: la lesión no le impidió matar y comer.

En una ocasión filmamos a Quijada Colgante cuando emboscaba a un becerro de ñu en el Desfiladero de los Leopardos. Era un personaje taimado, que esperaba hasta fijarse en un becerro y luego se abalanzaba para interceptar el rebaño mientras bajaba por una estrecha cañada, sabiendo exactamente en qué momento lanzarse hacia la pendiente. Al ver la cinta de video después, fue evidente que mantuvo el apretón en la garganta del becerro por más tiempo del que uno hubiera esperado, probablemente debido a que no podía utilizar sus caninos inferiores para aplicar la estrangulación normal al máximo. Se le vio adoptar con éxito la misma estrategia en varias ocasiones para matar becerros de ñu, aunque a veces las hienas lograban robarle sus piezas parcialmente devoradas antes de que pudiera llevar los restos a un árbol.

Si en efecto Quijada Colgante era el nuevo macho dominante del territorio, Zawadi tenía grandes sospechas sobre sus intenciones. La vimos entablar una dura pelea una mañana cuando él la sorprendió con Safi, que tenía entonces un año de edad; de pronto el macho saltó desde su escondite en la densa copa de un árbol, cerca de la Roca de Moisés, y enfrentó a madre e hija. Esto me hizo sospechar que Safi no era uno de sus cachorros, o estaba averiguando si Zawadi estaba dispuesta a aparearse. Pero Zawadi no iba a arriesgarse y luchó brevemente con Quijada Colgante. Luego caminó paralela a él, bloqueándole el camino

Zawadi descansa sobre un montículo de termitas cerca de la Roca de Moisés. Ella vuelve todavía al Desfiladero de los Leopardos y la Colina de las Higueras, donde nació, para tener a sus crías.

para dar tiempo a Safi de escapar. Ninguno de los adultos parecía dispuesto a sufrir lesiones innecesarias, y después de dos riñas en que hubo muchos gruñidos y rugidos, Zawadi obligó al macho a alejarse. Ella entonces se dirigió hacia donde Safi había desaparecido, y pasó el resto del día en un estado de inquietud. Nosotros esperamos con ella. Conforme oscurecía, ella emitió su llamado repetidas veces, no el llamado fuerte y de larga distancia para hacer contacto, sino el rugido gutural. Al cabo, tras haberse ocultado en unos matorrales, Safi reapareció y se unió a su madre.

Unos días después filmamos a Zawadi mientras emitía sus llamados desde la cima de un montículo de termitas, y nos preguntamos si buscaba a su hija o trataba de encontrar pareja. Yo estaba como hipnotizado viéndola hacer su llamado de contacto a tan pocos metros de nuestro vehículo. Al igual que un león hace su máximo esfuerzo al rugir, también lo hace el leopardo, bajando la cabeza y estirando el cuello, expulsando con vigor el aire de los pulmones como si fuera un fuelle mientras sus costados suben y bajan por el esfuerzo. Cada vez que Zawadi terminaba una serie de ocho o 10 llamados, se detenía a escuchar con atención. Obviamente, esperaba una respuesta, o que Safi la encontrara. Fue más o menos por esa época cuando vimos a Safi dejando marcas de olor por primera vez, así que quizá ello era muestra de que se proponía permanecer en el área.

No hubo señales de Quijada Colgante mientras trabajábamos en la cuarta serie, aunque ello no significa que no estuviera todavía en el área. Pero durante las últimas semanas de filmación logramos dar con el rastro de otro macho adulto. Uno de nuestros vigías había visto a un gran leopardo macho oculto en un manchón de bosque al este del Desfiladero de los Leopardos. Una semana antes habíamos dado por fin con Safi en esta misma área. Entonces tenía tres años y estaba lista para ser madre, pero nunca se había sentido tan cómoda con los vehículos como Zawadi y sólo se le veía en ocasiones.

Cuando llegué al lugar donde estaba oculto el macho, sólo vislumbré parte de su larga cola moteada y una mancha de pelaje entre el denso

Zawadi y Safi descansan sobre un montículo de termitas. Mientras escribo estas líneas, Safi tiene cuatro años. Comparte una porción del territorio de su madre y pronto dará a luz su primera camada.

follaje de un árbol. En situaciones así uno se queda considerando cómo es que alguna vez puede encontrarse un leopardo, y pensando en las incontables veces en que uno debe de haber pasado al volante por donde se hallaba un leopardo, buscándolo incesantemente, sin descubrir ningún indicio de que el leopardo ha estado allí todo el tiempo, mirándote desde su escondrijo mientras continúas tu camino.

Momentos después el leopardo repentinamente salió de entre el follaje para mirarnos antes de descender a la carrera del árbol y desaparecer. Pensé que sería la última vez que lo veríamos, pero entonces un jabalí madre emergió de su madriguera en el extremo del *lugga* y trotó directamente hacia donde el leopardo debe haber estado vigilando. El macho no pudo resistir la oportunidad de cobrar una pieza y reapareció, aunque parecía que ya había tenido un gran festín. Pero el jabalí no toleraría eso, y en el último minuto giró sobre sí y enfrentó al macho; lo hizo detenerse ahí mismo y lo forzó a abandonar la cacería. Esta vez pude observarlo bien con los binoculares. En cuanto lo tuve bajo la mirada supe que se trataba del macho al que Angie y yo vimos matar a los cachorros de Media Cola en el Desfiladero de los Leopardos, casi cinco años antes. Tenía el mismo pelaje rojizo y la misma cara perruna. Más importante aún, cuando hojeé el álbum de identificación que había recopilado nuestro hijo David para nosotros, ahí estaba él, era el mismo patrón de manchas; todo coincidía.

Era irónico pensar que probablemente éste era el macho que hace poco había sido visto apareándose con Safi, la nieta de Media Cola. ¿Había sido desplazado por Quijada Colgante o los territorios de ambos se superponían? Siendo tan difícil observar machos, no podía estar seguro si sólo un macho patrullaba el antiguo territorio de Media Cola y si en su territorio también estaban incluidas las áreas que se traslapaban de las hijas de ésta, Bella y Zawadi, área que abarca más de 60 km². Desde luego, era posible. De ahí la fascinación de tratar de seguir las vidas de estas hermosas y enigmáticas criaturas: siempre hay nuevas preguntas por responder.

Zawadi en busca de presas desde la copa de una acacia. Es sorprendente la capacidad de los leopardos para desplazarse en estos árboles sin espinarse todo el tiempo las patas.

El mundo de los felinos

El leopardo es un habitante solitario y esquivo de las espesuras, un animal de la oscuridad. Estas características han constituido su salvación y su condena. Al permanecer fuera de la vista, ha podido sobrevivir cerca de densas concentraciones humanas, áreas de las cuales han desaparecido desde hace tiempo otros grandes felinos. Pero, mientras el león se atrae la buena voluntad desplegando su indolente y en apariencia despreocupada naturaleza, el leopardo comunica visiones de un merodeador nocturno, de una personalidad fría e independiente. La amistad lleva a la amistad. En virtud de ser tan apartado, el leopardo ha recibido poca compasión del ser humano y ahora la necesita desesperadamente. Perseguido por su hermosa piel, sólo tiene una precaria posición donde antes era abundante. Toda mujer que necesite satisfacer su vanidad con un abrigo de piel de leopardo debería contemplar primero la primorosa belleza de este felino cuando reposa.

GEORGE SCHALLER
Serengeti: Kingdom of Predators
[Serengueti: un reino de depredadores]

EL LEÓN, el tigre y el leopardo ya no son meros emblemas en banderas y anillos de sello. Son criaturas de carne y hueso con pasado y presente, como el puma y el jaguar en el continente americano. Los mitos han sido sustituidos por la realidad. Sabemos de qué enfermedades padecen leones y leopardos, qué parásitos los infectan, y podemos complementar los descubrimientos de los estudios de campo con una abundante información recabada en la investigación sobre felinos en zoológicos y parques de safaris. Incluso existe un Grupo Especializado en Felinos, que forma parte de la Comisión para la Supervivencia de las Especies (SSC, por sus siglas en inglés) de la Unión Internacional para la Conservación de la Naturaleza (IUCN, según siglas en inglés), el cual vigila la condición de los felinos en el mundo y publica un informe dos veces al año, *Cat News*.

La radiotelemetría y sus más modernos primos, el collar satelital y los implantes de chips de computadora, significan que los felinos y muchos otros animales, desde osos polares hasta ballenas jorobadas, pueden ser hoy rastreados mientras vagan por sus amplias áreas: 1 000 km o más en el caso de las ballenas. En otros sitios las trampas de cámara, que se disparan automáticamente al pisar el sujeto un detector de pisadas o al traspasar un rayo infrarrojo, han sido muy efectivas para establecer el número de tigres y jaguares en las reservas forestales donde es difícil rastrear por radio a los individuos. Dichas trampas serían una forma relativamente rentable de obtener información sobre la densidad de población de leopardos en las selvas del África tropical, donde se sabe poco acerca de su número.

Tratar de proponer cifras realistas sobre la población total de leopardos en el mundo ha sido difícil. Nadie sabe cuántos existen en la mayoría de la áreas donde son protegidos, ya no digamos en propiedades privadas o en cada país. Es una ironía que en algunas partes el leopardo es tan abundante que se le considera una plaga, mientras en otras su supervivencia corre un gran riesgo. Ello ha provocado acalorados debates entre quienes se inclinan por utilizarlo, ya sea como trofeo de caza o para el comercio de su piel moteada, y quienes nos recuerdan que antes de que esas actividades fueran prohibidas tuvieron un impacto muy grave en muchas poblaciones de leopardos. Cuando llegué a África en 1974, todos los leopardos estaban en las listas de animales vulnerables de la

Safi y su hermano a los tres meses. Los cachorros de leopardo son muy juguetones, y se divierten solos por horas cuando su madre se encuentra lejos cazando o patrullando su territorio.

Reubicación de jirafas de una reserva privada en Namibia a un refugio en Sudáfrica. Los países del sur de África aplican una política de "úsalo o tíralo" en la administración de las reservas privadas, donde la cacería de animales criados para ser cazados y los trofeos de caza son negocios lucrativos.

IUCN y siguieron estándolo hasta que publiqué mi primer libro, *The Marsh Lions*, en 1982, cuando una nueva generación de leopardos estaba empezando a manifestarse. Durante ese periodo estuvo prohibido todo comercio internacional con leopardos. No cabe duda de que la depredación del comercio de pieles puso en serio riesgo su población en todo el mundo; en 1969 se calculó que se mataban 50 mil leopardos cada año tan sólo en África para abastecer el mercado de pieles.

Desde 1983 la República Centroafricana, Etiopía, Kenia (donde la caza se prohibió desde 1977), Tanzania, Malawi, Zambia, Zimbabwe, Botswana, Mozambique, Namibia y Sudáfrica se han dado el derecho de establecer cuotas de exportación de leopardos cazados como trofeos, y como tales pueden ser importados a Estados Unidos. Sin embargo, los leopardos siguen clasificados en Estados Unidos como especie en peligro en todos los demás territorios históricos donde viven —el resto de África, Asia Menor, India, sureste asiático, China, la zona malaya e Indonesia—, y el tráfico comercial de todo producto de leopardo está prohibido de acuerdo con el Apéndice 1 de la Convención sobre el Comercio Internacional de Especies Amenazadas (CITES, por sus siglas en inglés). (El Apéndice 1 enlista animales "amenazados de extinción y que son o pueden ser afectados por el tráfico comercial internacional".) Por fortuna, el comercio de piel de leopardo experimentó un notable declive en la década de 1970, alentado en parte por una muy eficaz campaña publicitaria que convirtió en anatema portar en público un abrigo de piel de leopardo. Pero en fechas recientes ha habido una preocupante tendencia entre los ricos jóvenes a sancionar como "elegante" el portar abrigos de piel, y países como Alemania, Japón y algunos de América del Sur nunca han perdido su apetito por esta "moda" particular. La memorable consigna publicitaria de los setenta "Se requiere la piel de 20 estúpidos animales para hacer un abrigo de piel, pero sólo una estúpida mujerzuela para ponérselo" sigue grabada en mi conciencia.

Hay gente que sostiene que la caza y el comercio se justifican pues contribuyen a la conservación en la medida en que generan ingresos a partir de los animales salvajes. Tanzania, por ejemplo, hoy obtiene más divisas de los trofeos de caza que del turismo basado en la vida salvaje. Y en muchas partes de África la venta de la piel de leopardos que han matado ganado y luego fueron muertos a tiros ofrece una cierta compensación a los propietarios del ganado. La pérdida de esta forma de recompensa invitaría a algunos a tratar de erradicar a todos los depredadores, pero la reapertura del tráfico probablemente siempre planteará serios problemas a las autoridades. Tal ha sido el caso sin duda con el marfil. ¿Cómo controlar su utilización para consumo de modo que no regresen los antiguos abusos del sistema, sobre todo en países de Oriente y África del sur, donde una bien desarrollada industria del turismo prospera con base en la posibilidad de mostrar grandes felinos a los visitantes? El turismo basado en la vida salvaje continúa siendo el sostén principal del espíritu conservacionista de Kenia, mientras que en la mayor parte de África del sur se prefiere seguir la filosofía de "úsalo o tíralo", donde la caza en reservas privadas y los trofeos de caza compiten con el turismo para observar animales salvajes por los dólares del visitante.

Es probable que la única forma de avanzar sea una solución intermedia, y la caza de leopardos como trofeos —con todo y lo deplorable que pueda ser— puede seguir siendo considerada una práctica sana de administración, siempre que se establezcan y respeten cuotas adecuadas. Pero la apertura del tráfico de pieles parece que más bien atrae problemas.

En la década de 1970 se pensaba que África del sur tenía el mayor número de traficantes de pieles en ese continente y actuaba como vía conveniente para los mercados mundiales de pieles de otras partes fuera de África. Muchas de las pieles se obtenían ilegalmente, y los precios promediaban entre 250 y 300 dólares de 1966 a 1972, con un techo de 680 dólares. En su libro *The African Leopard*, Ted Bailey sostiene que "cualquier relajamiento de las regulaciones vigentes o enmiendas que pudieran crear formas de eludir esas normas debería considerarse con extrema precaución, pues tales evasiones de la ley pueden disparar de nuevo un fuerte aumento del número de leopardos asesinados ilegalmente por su piel".

Los defensores de la utilización para consumo sobre una base sustentable podrían estar en desacuerdo. El doctor Anthony Hall-Martin, director de Investigación y Desarrollo de la Junta de Parques Nacionales de Sudáfrica, dice: "El único argumento realmente honesto contra la recolección de piel de leopardo africano es la posibilidad de que un mercado abierto pueda llegar a representar una amenaza para los leopardos de Asia, donde sí están amenazados". Hall-Martin piensa que en las circunstancias correctas, y si es controlada con rigor, la caza de trofeos debería permitirse todavía. Respecto a los países de África del sur, dice: "En estas áridas sabanas del sur, la industria de la caza se ha convertido en un provechoso socio para la industria ganadera. Uno de los premios sigue siendo el leopardo, el felino moteado fundamental de África, y un trofeo de leopardo puede alcanzar hasta los 4 mil dólares estadounidenses en la más alta de las cotizaciones diarias. Ello conduce a dar al leopardo un valor en efectivo muy importante. Hay un incentivo considerable, por tanto, para poner las poblaciones de cría de leopardos al servicio de la industria de la cacería. El exterminio de los leopardos debido a los trofeos de caza es muy improbable".

Si esta actitud prevalece, se necesitarán cuotas basadas en estudios científicos para asegurar que no haya áreas donde se realice una cacería excesiva, y tanto las cuotas como las prácticas éticas de caza deberán aplicarse con rigor. Por ejemplo, atrapar demasiados leopardos adultos machos año tras año en la misma área puede estimular un flujo continuo de nuevos machos, lo que dificultará que las hembras residentes críen con éxito. La pérdida de los machos con territorios establecidos abre la puerta a recién llegados ansiosos por empezar a procrear, y son propensos a matar todo cachorro que encuentren.

Otra preocupación surge de las prácticas bárbaras que se han insertado subrepticiamente en la industria de la caza en tiempos recientes. Un negocio conocido como la caza de un animal "en la bolsa" ha surgido en algunos países del sur de África, sobre todo en Sudáfrica, donde en particular leones —no leones salvajes, sino criados en cautiverio— son liberados en lugares cercados de cierta extensión para que los cace

el cliente y obtenga su trofeo. En un incidente que se dio a conocer ampliamente, el león fue drogado de antemano para facilitarle al cliente la matanza tanto como se pudiera. Para preservar el "trofeo" en ocasiones el león sufre una muerte dolorosa, pues se le dispara en el lomo o el abdomen y así se asegura que la cabeza y la melena queden intactas, en vez de despacharlo de un tiro en el cerebro. Por añadidura, en ocasiones los leopardos son cazados con perros, perseguidos hasta que se refugian en un árbol y luego se le dispara ya sea con un rifle o con arcos y flechas. La popularidad de este tipo de cacería de leopardos se ha incrementado tal vez por la prohibición de cazar pumas con perros en Estados Unidos. Por fortuna, las protestas internacionales desatadas por un revelación hecha en televisión y en la prensa escrita están conduciendo a la prohibición de este tipo de prácticas en Sudáfrica.

La expansión de la población humana y su ganado en amplias zonas de bosques y sabanas africanas es la principal amenaza para los leopardos y leones. En especial debido a la pérdida de sus presas naturales. Los ganaderos a menudo eliminan a la fauna del lugar para reducir la competencia por los valiosos

pastos y hierbas, lo que no deja a los grandes depredadores otra opción que matar su ganado. El hecho de que los leopardos sean animales de hábitos, que frecuentan veredas habituales y puntos de marcas de olor, hace más fácil de lo que podría pensarse erradicar a los individuos. Incluso una criatura tan experta en cuanto a vivir cerca de los seres humanos como el leopardo tiene pocas oportunidades de sobrevivir una vez que incurre en la cólera del hombre y tiene que encarar una mortal combinación de trampas, veneno (los plaguicidas organoclorados son un veneno barato y de fácil obtención) y armas de fuego.

Aunque podemos estar seguros de que hay muchos más leopardos en África que el total combinado de leones (un máximo de 30 mil y posiblemente sólo unos 20 mil) y guepardos (entre 12 y 15 mil) —y de que como especie no está actualmente en peligro de extinción—, varios intentos de estimar cuántos leopardos sobreviven fuera de cautiverio no han logrado establecer una cifra precisa. Ante la fuerte presión de la poderosa industria de trofeos de caza —que estaba ansiosa porque el leopardo saliera de la lista de especies amenazadas—, en 1987 la CITES encargó a dos científicos calcular

Unos elefantes se solazan en un bañadero de lodo en la fuente que alimenta el pantano de Musiara. El lodo los ayuda a mantenerse frescos y es un acondicionador de piel perfecto.

la población en los 38 países africanos donde, según se sabe, aún existen leopardos. Para entonces yo había escrito *The Leopard's Tale* y trabajaba en el Serengueti en un libro sobre perros salvajes. Me encontré con estos dos científicos —Rowan Martin del Departamento de Parques Nacionales y Administración de la Vida Salvaje de Zimbabwe y Tom de Meulenaer, biólogo de nacionalidad belga— en algún lugar de las inmensas planicies de pastos cortos. Habían desarrollado un modelo computarizado para poder responder la pregunta que todos se hacían. Pensaron que cargando la información sobre precipitación pluvial y hábitat de cada país, debía ser posible calcular la abundancia de presas adecuadas, y de ahí extrapolar el número de leopardos que cada área podía sostener. Con este procedimiento estimaron que la población de leopardos del África subsahariana era de 714 105 individuos. Y cuando presentaron sus resultados a la Secretaría de la CITES, que a su vez había solicitado comentarios de expertos, causaron un gran revuelo. Una de las mayores debilidades del estudio era que durante algún tiempo había sido evidente que algunas áreas que antes mantenían poblaciones de leopardos sanos ya no lo hacían, y los cálculos de Martin y De Meulenaer no lo tomaban en cuenta. Si fuera cierta la cifra de 700 mil, habría bastado para garantizar la salida del leopardo de la lista de animales en peligro a la de amenazados, y con ello la relajación de medidas de protección como la prohibición internacional del comercio de piel de leopardo.

Por fortuna, el consenso general entre los biólogos de campo que habían estudiado a los leopardos africanos era que podía haber menos de la mitad del número que presentaron Martin y De Meulenaer —350 mil leopardos—, lo que hizo que la CITES rechazara cualquier cambio en las medidas de protección de la especie. Es interesante lo que dijo Viv Wilson, quien estudió a los antílopes duiker de la República Centroafricana, la cual siempre ha sido considerada un buen hábitat para leopardos; sostenía que en este caso particular "no hay ninguna relación entre densidad de leopardos, hábitat y precipitación pluvial. La precipitación en el área es al menos de 1 524 mm al año; hay cientos de kilómetros cuadrados de hábitat ideal para leopardos, gran número de duiker azules y, sin embargo, el número de leopardos es muy bajo". La razón de tal escasez de leopardos era que habían sido prácticamente exterminados años antes y apenas estaban empezando a recuperarse.

En Sudáfrica, donde Martin y De Meulenaer

Media Cola reposa en una higuera gigante en la Colina de las Higueras. Un leopardo sin cachorros pasa buena parte del día descansando y durmiendo, esperando a que haga fresco antes de irse a cazar o patrullar su territorio.

dieron un estimado de 23 472 leopardos, un crítico señaló que sobrevivían menos de 3 mil, y Ted Bailey pensaba que incluso esa cifra podía ser muy alta, tomando en cuenta que su propio cálculo de la vasta zona protegida del Parque Nacional de Kruger era de sólo unos 700.

No hay duda de que todavía hay muchos leopardos en África: en algunas áreas son sumamente comunes. Pero tampoco hay duda de que en todo el mundo su distribución se está reduciendo, cosa que ocurre en mayor medida en el África subsahariana. El hecho de que se hayan descrito tantas subespecies a lo largo de los años pone de manifiesto cuán vasta es la distribución del leopardo y cuán fragmentadas y aisladas se han vuelto algunas de sus poblaciones. Todavía se les encuentra dispersos en África del norte, Arabia y desde Asia Central hasta el Lejano Oriente. Pero aunque los leopardos africanos y surasiáticos son numerosos, las otras subespecies sólo se encuentran en poblaciones pequeñas o aisladas geográficamente, muchas de las cuales están en peligro.

Poco se sabe acerca de la situación del leopardo en gran parte de Asia. Sabemos que a mediados de la década de 1970 era todavía abundante en los grandes bosques de la India y Nepal y en los montes Elburz de Irán, y que tenía presencia en las montañas de Karchat en Paquistán. Su número se ha reducido en gran medida en toda China, y en Sri Lanka están a la baja fuera de los parques y reservas. El leopardo de Berbería de África del norte persiste en las montañas del Atlas Central y en los bosques de Oulmes en Marruecos, pero está separado de otras poblaciones de leopardos por cientos o quizá miles de kilómetros, y el leopardo de Zanzíbar, *Panthera pardus adersi*, casi seguramente desapareció. El leopardo de Anatolia está a punto de extinguirse, pues sólo hay registros de unos cuantos individuos dispersos en el suroeste de Turquía, y los leopardos de los desiertos del sur de Israel tienen una suerte un poco mejor. La subespecie más septentrional, el leopardo de Amur o del Lejano Oriente (también conocido como leopardo coreano), *P. p. japonensis*, está hoy en gran parte confinado a varias reservas en Corea

Chui, con un impala joven al amanecer, espera que unas hienas se retiren a un sitio sombreado para poder llevar la presa a sus cachorros.

del Norte y el territorio marítimo de Rusia y su población se reduce a menos de 100 individuos. Ello significa que hay menos leopardos de Amur en libertad que en los zoológicos del mundo. La mayor población individual llega a 30, y un plan de recuperación espera el apoyo de los gobiernos federales y regionales de China y Rusia.

La lucha por sobrevivir de las poblaciones aisladas de leopardos queda ilustrada con los recientes intentos de proteger la que probablemente sea la menor subespecie en número: *Panthera pardus nimr*, el leopardo árabe —o nimr, como se le conoce localmente—. El leopardo árabe alguna vez tuvo presencia en todas las montañas del sur de Arabia, donde su reducido tamaño y pelaje pálido con pequeñas manchas son adaptaciones a las áreas rocosas y sin vegetación en que vive. Hoy está en gran peligro debido a la caza y pérdida de hábitat frente al ganado, y para 1990 había desaparecido localmente en la mayoría de las áreas, sobre todo debido a la persecución del hombre. Todavía se presenta en Arabia Saudita, Yemen, Omán y posiblemente Emiratos Árabes Unidos, aunque su distribución es dispersa en

los límites de la Península Arábiga, donde se piensa queda una población en la costa oriental del Mar Muerto y en el desierto de Negev. Ciertos estudios genéticos proponen que el leopardo árabe debe agruparse con otras siete subespecies de Asia occidental, como *Panthera pardus saxicolor*, el leopardo persa del norte. Sin embargo, especialistas del área sostienen que el leopardo árabe es distintivo, y a la luz de nuevos hallazgos genéticos su condición de subespecie se ha restaurado con base en que las poblaciones "parecen haber estado aisladas por mucho tiempo y haber acumulado múltiples elementos característicos que la distinguen de cualquier otra subespecie".

Independientemente de su clasificación, lo cierto es que el leopardo árabe encara multitud de infortunios, muchos de los cuales figuran en los sumarios de otras especies vulnerables de felinos: pérdida de presas naturales debido a la cacería y competencia por los pastos con el ganado, reducción del hábitat al proliferar los asentamientos humanos, la tala de bosques y la construcción de caminos. Añádase a esto el valor del leopardo como trofeo de caza o por el precio de su piel, así como la antipatía del hombre hacia los depredadores en general, y tendremos ante nosotros un animal que es sometido a trampas, disparos y venenos a la menor oportunidad. Según estimaciones, su población superviviente oscila entre 80 y 250 individuos, la mayoría en territorios de Yemen, aunque ésta probablemente es una estimación favorable. La CITES clasifica al leopardo árabe como "en peligro crítico", condición que comparte con las subespecies de Amur y de Anatolia.

La prioridad de quienes se preocupan por la supervivencia del leopardo árabe es obtener información de referencia sobre su distribución y ecología; a la fecha sólo Omán tiene un programa de campo que utiliza trampas de cámara y telemetría satelital. Fotografiar los últimos leopardos árabes ha sido la ambición de David Willis, talentoso artista australiano que vive en Omán, con quien Angie y yo trabamos amistad durante sus numerosas visitas al Masái Mara. Como nosotros, David y su familia son unos apasionados de la vida salvaje y nada los habría hecho más felices que toparse con Media Cola o uno de sus vástagos. David me habló de sus esfuerzos por fotografiar al leopardo árabe, tarea que hizo que mis intentos de registrar la vida de estas sigilosas criaturas del Mara parecieran de poca monta. Su búsqueda empezó en 1991, un año más o menos después de que

Miel con un cachorro de tres o cuatro meses. Una hiena mató a uno de los hermanos de este cachorro en una disputa por una pieza; sencillamente, el joven guepardo no se alejó con la rapidez suficiente cuando estaba en peligro.

A menudo las leonas forman guarderías de cachorros de edad semejante, el modo más eficaz de criarlos.

Media Cola apareciera por primera vez en la Colina de las Higueras y el Desfiladero de los Leopardos. David sabía que el leopardo árabe casi había desaparecido en el norte de Omán, y decidió concentrar sus esfuerzos en la alta montaña conocida como Jabal Samhan, una de las áreas más remotas del país, donde en 1985 se había atrapado a cuatro leopardos para establecer el primer centro de cría de mamíferos en cautiverio de Omán. Años después estos mismos animales se utilizaron para apoyar a un segundo programa de cría en cautiverio en el Emirato de Sharjah.

En su primer safari de una semana a Jabal Samhan, David vio íbices, zorros y damanes —las presas de su objetivo—, pero ningún leopardo. Aunque encontró signos —arañazos y deyecciones— que lo motivaron a regresar a Jabal Samhan cada invierno durante los siguientes cuatro años. Al darse cuenta de que fotografiar a un leopardo mediante las técnicas ordinarias era casi imposible, David decidió adoptar los métodos empleados por el biólogo de campo Rodney Jackson con las onzas del Himalaya. Jackson finalmente había logrado unas tomas fílmicas utilizando una trampa de cámara que se activaba con un detector de presión. David, siempre imaginativo e innovador, diseñó su propia trampa de cámara cuyo flash funcionaba con energía solar, y la ubicó en una ruta de íbices a principios de 1995. Cuando recuperó la película tres meses después contaba con siete fotos de leopardos.

Entonces David era acompañado por el biólogo Andrew Spalton, quien utilizaba trampas de cámara y examinaba excrementos de leopardo para estimar su número, la dirección hacia la que se desplazaban, de qué se alimentaban y si se estaban reproduciendo. El área que escogieron para su estudio comprendía un sistema de profundos y secos desfiladeros o cauces secos que serpentean entre las altas montañas, intersectados por antiguas veredas utilizadas desde tiempos preislámicos por caravanas de camellos en busca del valioso incienso árabe, la resina del árbol *Boswellia sacra*. Las condiciones aquí son extremas, el terreno muy alto, caluroso (más de 45° C en verano) e hiperárido: en 1995 no había llovido en seis años.

En su segundo viaje juntos en 1997, Spalton y Willis cubrieron 200 km de veredas y lechos de cauces secos en busca de leopardos y sitios adecuados para instalar trampas de cámara. De vez en cuando encontraron arañazos, que en ocasiones tenían excrementos, bajo salientes o en puntos prominentes en las veredas, que dejaban los leopardos al marcar su territorio. Mediante el análisis del pelo encontrado en los excrementos pudieron confirmar (con ayuda de investigadores de la Universidad de Aberdeen) que los leopardos estaban cazando íbices de Nubia, damanes de las rocas, gacelas árabes, puercoespines y perdices árabes patirrojas. Ello confirmó la suposición general de que los leopardos prefieren cazar ungulados de tamaño medio y a veces capturan presas más pequeñas para complementar su dieta

Los leopardos se funden con las manchas de luz y sombra con tanta eficacia que es casi imposible verlos hasta que se mueven.

cuando es necesario. Algo que alivió mucho a Spalton y Willis fue que en los excrementos no encontraron indicios de restos de camello o cabra, el ganado doméstico que mantiene la gente de la localidad.

Spalton instaló sus trampas de cámara (utilizando rayos infrarrojos como disparador) en viejas cajas de municiones para evitar que su equipo se perdiera o dañara cuando los leopardos restregaran sus mejillas contra las trampas para marcar con su olor o las hienas rayadas mordisquearan las unidades de

transmisión infrarroja. En los siguientes tres años Spalton, a menudo con Willis, incursionó en Jabal Samhan cada dos o tres meses para revisar las trampas de cámara. Rara vez obtuvieron más de una toma por cámara al mes, lo cual indicaba que el número de leopardos en el área era bajo y vivían en territorios muy extensos, de modo que un individuo que patrullaba su territorio rara vez pasaba por alguno de los puntos. Sin embargo, la misma cámara registró imágenes ocasionales de machos y hembras, lo que permitió a Spalton

Zawadi alerta por presas. Nótese la hilera de cinco manchas distintas bajo su ojo derecho, con lo que es fácil identificarla.

permiso para instalar collares del sistema de localización global (GPS, por sus siglas en inglés), que mediante satélites determina la ubicación de cada leopardo con collar. Le tomó siete semanas capturar cuatro leopardos (y un lobo árabe), con otros dos leopardos capturados a principios de 2002. El más pequeño, una hembra, de apenas 17 kg, y el más grande era un macho de 33 kg, casi el doble del peso de la hembra, pero apenas la mitad de un macho africano bien desarrollado. Spalton encontró que en general el leopardo árabe no alcanza más de 1.3 m de la cabeza a la base de la cola, mientras que los leopardos africanos alcanzan 1.8 m. Los collares de GPS pesaban 300 g y estaban programados para caerse unos meses después, cosa que permitiría tomar los datos de ubicación.

Por lo pronto los leopardos de la Reserva Natural de Jabal Samhan y su acantilado del sur parecen seguros, pues tienen un equipo de vigilantes que patrullan la zona y los conflictos con la gente de la localidad son mínimos. La caza y captura de leopardos en Omán es ilegal, aunque la caída de la población reintroducida del órix árabe a fines de la década de 1990 demostró ser una lección saludable en cuanto a que nada está garantizado.

En años recientes el principal foco de la conservación de leopardos en la región árabe ha sido alentar un programa de cría en cautiverio que salvaguarde una población viable en el hábitat natural. Pero como dice Andrew Spalton: "En Omán los esfuerzos de conservación *in situ* deben continuar, pues una vez que el leopardo desaparezca en zonas salvajes, no habrá regreso". Para cuando el jeque y sultán bin Mohammed al Qassimi, gobernante de Sharjah, fundó el Centro de Cría de Fauna Árabe en Peligro en 1996, la población de leopardos árabes había descendido muy por debajo del umbral recomendado para la implementación de un programa de cría en cautiverio. Tras largas negociaciones, siete leopardos mantenidos en cautiverio en Yemen por varios años entraron al programa y, para fines de 2001, el proyecto totalizaba 33 leopardos (15 machos y 18 hembras), de los cuales la mitad eran animales capturados en su hábitat para mejorar la variabilidad genética. En Yemen los

deducir que ambos sexos ocupaban territorios superpuestos y se evitaban utilizando caminos comunes en momentos diferentes. Cuando Spalton retiró finalmente sus trampas en noviembre de 2000, había perdido algunas

cámaras debido a hienas, lluvias y el efecto de las nubes de monzón, pero obtuvo más de 200 fotografías de su esquivo objetivo. De hecho, nunca vio un leopardo.

Animado por su logro, Spalton obtuvo

coleccionistas privados están dispuestos a pagar grandes sumas por un leopardo vivo, y hay un considerable número de tales coleccionistas en la región árabe, lo que aumenta la preocupación por la fauna salvaje, aunque el tráfico es ilegal en todos los países involucrados.

En cuanto una población cae más allá de cierto nivel las cosas se ponen críticas, y una de las razones no menos importante es el efecto de la endogamia. Una población así, de la subespecie *Panthera pardus jarvisi*, fue identificada en el desierto de Judea y las colinas de Negev en Israel. En este caso la población llegó a un desequilibrio tal que había demasiados machos compitiendo por el derecho a reproducirse con muy pocas hembras. La competencia entre machos era tan intensa que continuamente mataban a todas las crías, y en un caso un macho llamado Hordos mató a las dos crías, de tres meses, que había tenido su madre. Luego se apareó con ella y produjo un solo cachorro macho que a su vez fue matado por el padre de Hordos. De hecho, las dos hembras de esta población se aparearon con sus propios hijos, y cuando una murió todos los machos adultos compitieron por los derechos de procreación con una sola hembra. Entre 1984 y 1989 ninguno de los cachorros sobrevivió hasta la edad adulta, sobre todo debido a infanticidio.

Chui con Claro y Oscuro ofrecen a los turistas una oportunidad única de observar a una madre leopardo con sus crías.

La extrema presión sobre esta pequeña población fue también evidente en otras formas. Una hembra adulta, derrotada en una pelea con una rival más joven, fue obligada a renunciar a la mayor parte de su territorio y a salir con su joven hijo. Esta hembra de más edad fue vista más tarde expulsando a su hija de nueve meses de su territorio natal. Tras hacerse independiente, la hija asumió temporalmente una parte sustancial del territorio de su madre, pero luego fue expulsada de nuevo por su madre y nunca se le volvió a ver en el desierto de Judea. Esto pone de manifiesto las dificultades que encaran las pequeñas poblaciones aisladas. Al serles negado un espacio adecuado y una población estable, las oportunidades que tienen de criar se reducen en gran medida, lo que provoca un incremento del infanticidio y la endogamia. Los jóvenes pueden ser expulsados por su madre mucho antes de que sean capaces de valerse por sí solos. Todos estos factores se combinan para producir un declive agudo en la población.

El leopardo de Sri Lanka, *Panthera pardus kotiya*, es otra subespecie que apenas se empieza a estudiar. A principios del siglo XX estaba muy extendido en todo Sri Lanka (o Ceilán, como se llamaba entonces), y a pesar de que la cubierta forestal se ha reducido en más de la mitad desde entonces, todavía hay leopardos en la mayoría de los parques nacionales y en muchas áreas donde persisten grandes zonas de bosque y selvas de malezas. Si bien nunca se ha realizado ningún censo propiamente dicho, los

La primera camada de Zawadi. Safi (a la derecha) está a punto de alcanzar la madurez al momento de escribir estas líneas, pero su hermano fue matado por leones cuando tenía seis meses.

Zawadi se estira y bosteza, práctica característica de un leopardo a punto de ponerse en actividad, al atardecer en el Desfiladero de los Leopardos.

estimados oscilan entre 300 y 600 leopardos, con base en densidades de presas según hábitats específicos. Me enteré de la población de leopardos de Sri Lanka hace años porque los felinos a menudo eran activos durante el día, lo que la hacía el área perfecta para fotografiarlos. Como depredadores supremos de la isla, los leopardos no tienen competencia con tigres, leones o hienas, y son libres de vagar a voluntad de día y de noche. Aunque hay carroñeros como osos bezudos, cocodrilos marismeños, jabalíes, chacales, mangostas y varanos, éstos rara vez son un problema, y los leopardos suelen arrastrar sus víctimas fuera de los caminos hasta un refugio en la espesura, en vez de tener que almacenarlas en árboles. Se dice que el leopardo de Sri Lanka es en general mayor que los otros leopardos, y que ataca presas más grandes, quizás debido en parte a esa falta de competencia con otros depredadores. Su presa preferida es el chital o venado axis, pero en ocasiones ataca búfalos casi totalmente desarrollados, al igual que animales pequeños como liebres y ratas, aves, varanos, pangolines y puercoespines.

Algunos estudios en el Parque Nacional de Yala indican que los leopardos hembras de Sri Lanka tienen territorios muy pequeños con superposiciones considerables, y se dice que son "más sociables y tolerantes entre sí" que los observados en otros lugares. El que los territorios sean menores puede relacionarse con la abundante provisión de alimento y la ausencia de otros depredadores grandes, lo que les permite vivir en densidades mayores. Como se ha notificado sobre otras poblaciones de leopardos, en ocasiones los machos comen despojos de las presas de las hembras, y en un caso un gran macho comió parte de la víctima de una hembra en presencia de ésta y permitió que un cachorro de la misma comiera junto a él. Preocupan los informes de que está aumentado el número de pieles de leopardo que se incautan cerca de Yala y otras partes de Sri Lanka, junto con la demanda de huesos de leopardo, que se ha convertido en un sustituto de los de tigre en la medicina tradicional. Con bajo presupuesto y poco personal, el Departamento de Vida Salvaje lucha por ofrecer una protección adecuada a los leopardos que quedan, y los cazadores furtivos rara vez reciben castigos fuertes, pues a menudo justifican sus acciones alegando que protegen su ganado. Como en todas partes, la pérdida y fragmentación del hábitat de los leopardos apuntan a un futuro incierto, y sin investigaciones científicas detalladas es imposible proporcionar una administración adecuada.

Angie y yo volvimos al Mara a principios de 2003, justo antes de terminar este libro. En los meses intermedios, nuestro amigo Paul Goldstein nos había enviado fotografías de dos de los personajes protagonistas de la pasada serie de *Diario de grandes felinos*. Una de ellas era de Kike, hija de Ámbar, que hasta entonces no había podido criar ningún cachorro. Dos veces dio a luz cerca del *lugga* de Bila Shaka, y en ambas ocasiones la Manada del Pantano encontró la madriguera y mataron a sus crías cuando tenían pocas semanas. Kike parió por tercera vez a mediados de diciembre de 2002, escogiendo de nuevo el *lugga* de Bila Shaka como madriguera. Paul contó cuatro cachorros, y Kike tuvo suerte, pues el Mara recibió abundantes lluvias; no sólo estaban altas las hierbas cuando dio a luz, sino que las empapadas condiciones del terreno hicieron que la Manada del Pantano, que parecía prosperar, abandonara el corazón de su territorio por un tiempo, para seguir los rebaños de topis y cebras hacia terrenos más altos al este. Cuando logré ver a Kike, ella había perdido una de sus crías, entonces de cuatro meses y medio, y se habían desplazado a un área donde antes la vimos a menudo en el pasado, entre el Mara Intrepids Camp y la Colina del Rinoceronte. Quizás ahora que los jóvenes guepardos tenían edad suficiente para seguir a su madre tendrían oportunidad de sobrevivir.

Paul también me envió una fotografía de un leopardo que vio cerca del Desfiladero de los Leopardos. Era Safi, hija de Zawadi, a la que yo veía aun como adulta. En cuanto a Zawadi, se le encontró apareándose con un tímido macho a la entrada del Desfiladero de los Leopardos a fines de febrero, y unos días después fue vista en las cercanías de la Roca de Moisés, una de sus ubicaciones favoritas desde que murió Media Cola y dejó vacante el área. Con una quinta serie de *Diario de grandes felinos* planeada para más adelante este año, tenemos la esperanza de que entonces esté acompañada de su quinta camada. Zawadi se mantiene fiel a su nombre, que en swahili significa "regalo", del mismo modo que su madre, Media Cola, fue un regalo para todo aquel que quería ver leopardos salvajes.

Con frecuencia he pensado en Media Cola mientras escribo este libro. Angie y yo concordamos en que era un personaje excepcional, un animal salvaje dotado —al menos desde nuestra perspectiva— de un temperamento que le permitió adaptarse a la interminable procesión de vehículos que la buscaban a diario con la esperanza de observar un leopardo. Es verdad, todos quieren ver leones y guepardos también, pero encontrar un leopardo agrega un elemento diferente a la excursión, algo indescriptiblemente emocionante, el felino de los felinos. Media Cola nos permitió regocijarnos con ese momento de descubrimiento, saber que estábamos en presencia de una criatura de esencia sublime. Atrás quedaron los años de vislumbres fugaces de una piel moteada que se desvanecía en la

Zawadi con Safi, de unos tres meses de edad, a principios de 2000. Los cachorros de leopardo comienzan a seguir a su madre a partir de las ocho semanas más o menos.

espesura, la aspiración de conseguir siquiera una sola fotografía buena que pudiéramos disfrutar. Ahí estaba un leopardo que nos daba la oportunidad de embelesarnos con su belleza, sus modos secretos y sus fluidos movimientos. Media Cola nos dio todo eso y más.

Era una de esas mañanas en que todo cae en su lugar; un inicio temprano lleno de esperanza, buscando en todos los sitios familiares, cuando de pronto allí estaba ella, justo donde esperábamos que estuviera, recostada tranquila sobre una larga rama de una de las higueras gigantes que brotan en los peñascos de la Colina de las Higueras. Aun con un leopardo tan complaciente como Media Cola nunca era seguro contar con su presencia. Una vez encontrada, tuve que correr de vuelta al

campamento, dejando a Angie vigilándola en caso de que se fuera a cazar a otro lugar. Cuando regresé unas horas más tarde, ella se había ido, aunque Angie estaba estacionada exactamente en el mismo punto donde la había dejado. "¿Dónde está Media Cola?", le pregunté. Angie señaló al lado de su coche. Di marcha atrás hasta descubrir a Media Cola acurrucada en la sombra bajo el vehículo, totalmente confiada.

Los vehículos formaban una parte tan importante de la existencia de Media Cola que ella contaba con ellos: los utilizaba cuando le acomodaba como fuente de sombra, como escondite para cazar o como marca aromática en una especie de extensión móvil de su territorio. Angie nunca antes había estado tan cerca de un leopardo salvaje y, al hallarse sola sin ningún otro vehículo que rompiera el encanto, gozó

el momento, mirando los lustres de la piel moteada de Media Cola, la brillantez de sus ojos dorados, la longitud de sus largos bigotes blancos. En ocasiones Media Cola alzaba la vista, calmada y segura, confiada, al parecer, de que nada desagradable ocurriría.

Conforme el sol se ocultaba detrás de un banco bajo de nubes, se escurrió de debajo del vehículo y se paró un momento; luego bajó sus cuartos traseros, se estiró y un cavernoso bostezo reveló sus dientes color marfil. Entonces se alejó caminando sin mirar atrás y desapareció entre las rocas.

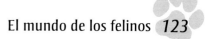

Guía de safaris para ver grandes felinos

EMPRENDER UN SAFARI a África es el mayor sueño en la vida de mucha gente. Para unos será un viaje de apenas unas semanas; para otros puede convertirse en el inicio de una nueva vida, como me ocurrió a mí cuando salí de Londres en 1974 y me uní a un grupo de jóvenes que recorría África por tierra.

La mayoría de la gente que va de safari tiene expectativas muy altas, basadas en las visiones de la vida salvaje captadas en libros o en programas de televisión como *Diario de grandes felinos*. Pero esas imágenes pueden ser engañosas, porque a menudo son producto de meses y hasta años de esperar el momento adecuado y captar sucesos que sólo ocurren muy rara vez. En consecuencia, cuando la gente llega al Mara suele tener expectativas —más que esperanzas— de ver a un leopardo repantingado en un árbol en el Desfiladero de los Leopardos, de experimentar la emoción de tener un guepardo encaramado en la capota de su carro o mirar leones derribando un búfalo. Pero no hay garantía de lo que puede verse en un safari, sólo la promesa de que la experiencia cambiará su vida para siempre.

La mayor enseñanza que Angie y yo tuvimos en nuestro reciente safari por el sur de África fue deshacernos de nuestras expectativas y disfrutar lo que pudiéramos encontrar. Habíamos escogido destinos que, esperábamos, nos ofrecerían la mejor oportunidad de observar grandes felinos. Algunos eran famosos por sus leopardos o guepardos; en otros se decía que encontraríamos a todos los grandes felinos a la vista. No todos estuvieron a la altura de su reputación, y no porque no la merecieran, sino porque lo que esperábamos ver había ocurrido el día de ayer o la semana pasada.

Debido a consideraciones de tiempo, visitamos Namibia, Botswana, Zimbabwe, Zambia y Sudáfrica en un safari continuo de seis semanas. El cambio de estaciones puede tener una enorme influencia en lo que uno ve o no ve, así que asegúrese de viajar en la época correcta del año según el destino particular al planear su itinerario. Si un lugar es "bueno" para ver grandes felinos, eso implica que tienen mucho que comer: antílopes, gacelas, cebras y búfalos, de los que dependen. En comparación con estas especies de presas, los depredadores están en franca minoría, así que al buscarlos tendrá usted asegurada la ocasión de encontrar muchos otros animales con que regocijar sus ojos. Un safari es mucho más que encontrarse con grandes felinos; sin embargo, hemos escogido lugares donde disfrutamos de la mejor observación de grandes felinos. De ningún modo nuestra lista es exhaustiva. Hay muchas otras áreas que esperan ser exploradas. Aunque en este libro nos concentramos en los leopardos, incluimos los tres grandes felinos. La guía *African Safari* de Insight y las guías *Watching Wildlife in East Africa* y *Southern Africa* [Observación de la vida salvaje en África oriental y África del sur] de Lonely Planet, son una mina de información para los viajeros en safaris.

Destinos recomendados

Reserva Nacional de Masái Mara, Kenia
(1 510 km²)

Es uno de los mejores lugares para ver a los tres grandes felinos, en especial leones. Las temporadas lluviosas son de mediados de octubre hasta diciembre (lluvias cortas) y de abril a junio (lluvias largas). La hierba tiene su mayor longitud tras las lluvias largas, lo que dificulta encontrar depredadores, aunque prácticamente tiene usted garantizado ver leones en cualquier época del año. La migración de ñus y cebras suele llegar en junio o julio, y la mayor parte de los rebaños regresan al Serengueti a fines de octubre.

Nuestra época preferida en el Mara va de septiembre a finales de marzo, pues los pastos largos ceden bajo las oleadas de animales. El mejor momento para observar a los grandes rebaños cruzando el río Mara es de agosto a octubre, así que septiembre es una buena elección, si bien nunca hay dos años iguales. Incluso cuando los ñus y las cebras abandonan el Mara, es un hermoso lugar para visitar, y con las hierbas cortas (y verdes durante las lluvias de octubre a noviembre) es más fácil encontrar depredadores. Cuanto más seco es un año, mejor es la observación de depredadores; los pastos y los arbustos son devorados y quedan desprovistos de hojas, lo que facilita circular y ver lo que ofrece la reserva.

El Mara es un paraíso para los amantes de las aves, pues tiene más de 500 especies. Para alojarse, puede probar los campamentos de Governor's Camp, Mara Intrepids o Mara River Camp. El Triángulo del Mara, al oeste del río, es excelente para guepardos, aunque se les encuentra en toda la reserva, y Little Governor's Camp, Olonana y Serena Lodge están entre los mejores lugares para hospedarse en el Triángulo. Si prefiere una tienda de campaña privada, East African Wildlife

Safaris y Abercrombie & Kent son de los mejores operadores que ofrecen esta opción en Kenia.

Reserva Nacional de Samburu, Kenia
(104 km²)

Es una de las reservas más pequeñas pero, ¡qué joya!: ofrece una probadita del norte de Kenia con excelente riqueza de aves. Cualquier safari a Kenia deberá incluir una visita a Samburu. El paisaje hace un maravilloso contraste con las planicies exuberantes y ondulantes del Mara, con asombrosos afloramientos rocosos, zonas de arbustos secos con montículos de termitas que sobresalen, y el río Ewaso Nyiro bordeado por palmeras. Al sur del río se halla la Reserva Nacional de Buffalo Springs, igualmente recomendable.

Las estaciones secas son las mejores en Samburu, con mucha actividad en torno al río y grandes rebaños de elefantes que salen de los bosques para beber y cruzarlo. Hay cebras de Grevy, gacelas de Waller y jirafas reticuladas, especies de zonas secas que no se encuentran en el Mara.

Samburu y Buffalo Springs son reservas famosas por sus leopardos, y en algunos de los campamentos y alojamientos se ponen carnadas en las noches para atraer visitantes nocturnos. Pero es muy probable que usted encuentre leopardos aquí de día. Hay leones y guepardos también, y en ocasiones se ven perros salvajes. Entre los mejores lugares para alojarse están el campamento de Larsens y Samburu Serena Lodge.

Parque Nacional de Serengueti, Tanzania
(14 763 km²)

Valdría la pena visitar el Serengueti aun si no tuviera vida salvaje. El hecho de que la tenga —en una abundancia que se encuentra en muy pocos lugares más— hace de éste uno de los cinco principales destinos del mundo para observar animales salvajes. La diáfana extensión de las planicies del Serengueti, en especial en temporada de lluvias, cuando los inmensos rebaños de ñus y cebras oscurecen los pastizales, es una vista digna de contemplarse, con la presencia de leones, hienas y guepardos. Los ñus hembras dan a luz entre enero y marzo, así que febrero es un buen momento para visitarlo. Los ñus abandonan las planicies en busca de bosques y

agua a principios de la temporada seca, a finales de mayo, dispersándose por miles a través de las espectaculares formaciones rocosas de Moru Kopjes. Cuanto más marcada es la transición entre las estaciones húmeda y seca, más notable es el éxodo desde las planicies. Es el momento en que los ñus empiezan su celo, y vale la pena ir al área de Seronera, en el centro del parque, que siempre ha sido uno de los lugares preferidos de los leopardos en África. Con frecuencia se instalan en lo alto de las acacias de corteza amarilla a lo largo del valle Seronera o se repantingan a gusto sobre la ancha rama de una kigelia africana. Seronera es también un buen lugar para buscar leones y guepardos.

Los escarpados terrenos boscosos del norte, en torno a Lobo, son otro buen sitio para visitar cuando pasan por ahí los grandes rebaños en la estación seca (junio a octubre). Entre los mejores lugares para albergarse cuando los rebaños se reúnen en grandes multitudes en las planicies del sur, están Ndutu Lodge, que domina el lago Lagarja, y Kusini Camp; también está Serengeti Sopa Lodge, muy cerca de Moru, y Serengeti Serena Lodge, que es una buena base en el centro del parque, y Klein's Camp para el caso del área de Lobo.

Cráter de Ngorongoro, Tanzania
(260 km²)

Es la octava maravilla del mundo. Sin duda vale la pena detenerse ahí por dos noches, no sólo por sus excepcionales características geológicas y sus asombrosas vistas, sino también por ser hogar de unos sorprendentes leones de melena negra. Tendrá usted suerte si observa guepardos aquí, aunque podría llegar a ver un leopardo entre los bosques. El cráter es un excelente sitio para contemplar al rinoceronte negro, especie en peligro, donde el color azul oscuro de la pared del cráter crea un fondo perfecto para fotografiar animales salvajes. El patrimonio de aves es excelente, y los magníficos elefantes machos con sus largos colmillos de marfil son siempre un tema favorito. Si usted es un vehemente fotógrafo o si sólo trata de sacar el mejor partido de su estancia, asegúrese de llevar un desayuno y almuerzo para comer durante el paseo. La atmósfera neblinosa de la mañana y las oportunidades de encontrar leones en el trayecto hacen que valga la pena salir muy temprano.

De los tres alojamientos, Sopa Lodge ofrece el acceso más fácil al fondo del cráter, mientras que Ngorongoro Serena Lodge cuenta con 75 habitaciones, todas con vista al cráter. Si usted sólo quiere lujo y buena comida, podría valer la pena pasar todo el día en la habitación, también con una excelente vista, en Ngorongoro Crater Lodge.

Reserva de la Fauna de Selous, Tanzania
(43 000 km²)

Las áreas vírgenes del sur de Tanzania son el lugar para emprender un safari a pie en África oriental. Es la "vieja" África: parajes de arbustos silvestres que alojan a más de 100 mil búfalos, casi 60 mil elefantes, la población más densa de perros salvajes de toda África y probablemente la población individual más grande de leones… con pocos turistas observándolos. Aun cuando los leones no son tan numerosos o fáciles de observar como en el Mara y el Serengueti, una visita a uno de los campamentos que hay a lo largo del río Rufiji es un punto de partida ideal para un safari a pie. Una excursión en bote por el río para mirar cocodrilos gigantes, grandes grupos de hipopótamos y elefantes es algo obligado, o simplemente puede pasar un tiempo en el campamento y dedicarse a identificar algunas de las más de 440 especies de aves.

Entre los mejores campamentos están Sand Rivers Selous (en especial para quienes quieren caminar) y Selous Safari Camp (antes conocido como campamento Mbuyuni). Un safari que combine una visita a Selous y al Parque Nacional de Ruaha, y ya sea las montañas Mahale o el Parque Nacional de Gombe para ver chimpancés, sería una gran aventura lejos del ajetreo y las prisas del circuito turístico del norte de Tanzania. Pero si lo que quiere es una observación fácil de animales salvajes y se trata de su primera visita a África, entonces serán insuperables el Serengueti, Ngorongoro y Tarangire (1 360 km²), con sus magníficos baobabs, grandes rebaños de elefantes, abundantes poblaciones de aves y buenas posibilidades de observar leones y leopardos.

Parque Nacional de Luangwa Sur, Zambia
(9 050 km²)

Conocido en la localidad como el Valle, es ahí donde Norman Carr, uno de los guías de safari más experimentados de África, inició los safaris a pie.

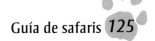

El río Luangwa domina el parque proporcionando un elemento refrescante y tranquilo. Como los campamentos y alojamientos están situados a lo largo de sus márgenes, usted puede pasar horas en la veranda de su tienda observando los diversos animales que llegan a abrevar: elefantes, búfalos, pukus, antílopes acuáticos, y hasta leones y leopardos. La mejor época para ver animales salvajes es durante el invierno (mayo a agosto) y los meses secos y cálidos de septiembre a noviembre. Las concentraciones de animales tienden a incrementarse conforme avanza la temporada seca, pero también lo hace la temperatura. La de lluvias (noviembre a abril) es una temporada excelente para ver aves, aunque la mayoría de los alojamientos y campamentos están cerrados en esa época.

La densidad de leopardos es excepcional y se observan leones con frecuencia. Nosotros visitamos el área en septiembre, y durante una excursión nocturna —deseable en cualquier visita a Luangwa— vimos uno de los leopardos que hicieron famosa a esta área. Aparte de buscar grandes felinos, pasamos muchas horas fotografiando elefantes que abrevaban y cruzaban el río, y disfrutamos de vistas de cerca de las espectaculares colonias de abejarucos carmín que anidan en las márgenes arenosas.

Hay varios operadores que ofrecen safaris a pie, pero Robin Pope Safaris es el más recomendado. La época ideal es probablemente de fines de junio a fines de septiembre, para una caminata de cinco días con un gran guía, alojándose en un campamento móvil de tiendas en la profundidad de los arbustos. Robin y Joe Pope también manejan tres de los mejores campamentos permanentes en el Valle: Nsefu, Tena Tena y Nkwali. Un safari a pie es obligado, aunque sea sólo por una mañana.

Parque Nacional de Kafue, Zambia
(22 480 km²)

Es el segundo parque nacional más grande de África; comprende amplias zonas de bosques y sabana divididas por el río Kafue. Sorprendentemente pocas personas visitan Kafue, si consideramos que es un lugar donde habitan grandes rebaños de elefantes, búfalos, leones y leopardos y tiene fama de poseer diversidad de antílopes, con terrenos aluviales repletos de miles de antílopes lechwe rojos y vislumbres de algunos

antílopes sable y ruanos. Hay guepardos y perros salvajes, además de grandes manadas de leones que cazan búfalos en la planicie de Busanga, al norte. Los animales tienden a concentrarse en torno al agua entre julio y octubre, y lo mejor de Busanga ocurre entre agosto y octubre.

Sólo hay un puñado de alojamientos, lo que le agrega una sensación de estar en territorio salvaje. Entre los mejores están los campamentos de Ntemwa y de Busanga, situados en medio de las planicies, donde a menudo se ven leones; Lufupa Camp está bien localizado para realizar excursiones en vehículo y caminatas entre las zonas de arbustos, con la oportunidad de ver leopardos en recorridos nocturnos en vehículo.

Parque Nacional de Mana Pools, Zimbabwe
(2 200 km²)

Es difícil pensar en Zimbabwe sin planear una visita a las espectaculares Cataratas Victoria y pernoctar en el magnífico Victoria Falls Hotel. Éste es el lugar para emprender un safari en canoa por el poderoso río Zambezi, que constituye la frontera norte del Parque Nacional de Mana Pools. Ahí es fácil ver hipopótamos, cocodrilos, elefantes y búfalos. Es un sitio probable para ver leones, al igual que el Parque Nacional de Matusadona, que se extiende desde las orillas del lago Kariba, y ambos ofrecen la oportunidad de realizar caminatas o recorridos en canoa: una emocionante alternativa a viajar en vehículos por terrenos de arbustos africanos. John Stevens fue uno de los pioneros de los safaris en canoa y también uno de los principales guías de África, especialista en safaris a pie o en canoa, durante los cuales los huéspedes se alojan en campamentos móviles. Musangu y Muchichiri son dos agradables alojamientos ribereños que ofrecen estancia permanente; y son muy recomendables los campamentos Rukomechi y Chikwenya de Wilderness Safaris.

Si usted visita el lago Kariba, entonces Sanyati Lodge está entre los mejores. Ahí puede relajarse, disfrutar del lago y hacer recorridos en vehículo para observar animales, caminatas o excursiones de pesca.

Reserva de la Fauna de Moremi, Botswana
(3 900 km²)

El delta del Okavango es un enorme oasis, un

delta interno de islas arboladas y pantanos donde crece el papiro, cuyas aguas cristalinas desaparecen entre las arenas del Kalahari. El delta rivaliza con el Serengueti y el Masái Mara en cuanto a espectáculo de la vida salvaje, pues es un lugar excelente para ver leones y leopardos y ofrece buenas posibilidades de observar guepardos y perros salvajes. Es difícil superar la combinación de agua y vida salvaje, y las posibilidades de contemplar a los grandes animales y aves es prácticamente ilimitada. La Reserva de Moremi abarca casi un tercio del delta e incluye Chief's Island. La estación seca de otoño e invierno (abril a septiembre) es la mejor para observar animales salvajes. Hay una excelente oportunidad de ver perros salvajes en junio y julio, cuando abandonan su vida nómada por unos meses para establecerse en madrigueras. La observación de animales alcanza su pico durante septiembre y octubre, cuando los animales se congregan en torno a aguadas permanentes, si bien la temperatura puede ser elevada.

Muchos alojamientos cierran durante la estación de lluvias (diciembre a marzo). Hay un amplio abanico de opciones para escoger campamento o alojamiento, pero entre los mejores están Chief's Camp en el área de Mombo, y los campamentos de Wilderness Safari, Mombo y Little Mombo.

Una visita al delta del Okavango ofrece también la posibilidad de safaris a pie, a caballo y hasta a lomo de elefante en Abu's Camp de Randall Moore, y una oportunidad de caminar con los elefantes de Doug Groves en Stanley's Camp. Al norte, en la frontera con Namibia, el Parque Nacional de Chobe (11 700 km²) es hogar de grandes manadas de leones e inmensos rebaños de búfalos y ofrece recorridos fluviales para mirar elefantes que cruzan el río Chobe. En el oeste del parque, las áreas del pantano de Linyanti y Savuti son famosas por sus leones, aunque verlos puede depender de las estaciones. Chobe es un buen lugar para visitar camino a las Cataratas Victoria, y se puede uno quedar en Chobe Chilwero Lodge.

Okonjima y la Fundación Africat, Namibia
(135 km²)

Namibia es el hogar de más guepardos en toda África, con unos 3 mil de estos elegantes felinos. Pero 90% se encuentra en ranchos privados, donde a menudo entran en conflicto con los propietarios.

Lise Hanssen y su equipo de la Fundación Africat se han dedicado a trabajar con los ganaderos para disminuir los conflictos con los depredadores, llevándose a los animales que son atrapados y que, sin su intervención, serían matados a tiros o envenenados. Trabajan sobre todo con guepardos y leopardos, pero también con servales, caracales y el ocasional león, apoyando diversos proyectos de investigación y educativos.

Los Hanssen han convertido su rancho de Okonjima en un alojamiento para huéspedes muy cómodo, y dan a los visitantes la oportunidad de visitar la Fundación Africat y conocer algunos de los guepardos. Para los fotógrafos puede ser un lugar muy interesante, y una visita al escondrijo de los leopardos al anochecer es una experiencia que no debe faltar.

Fondo para la Conservación del Guepardo (CCF), Otjiwarongo, Namibia

El CCF, creación de Laurie Marker y Daniel Kraus, está consagrado a la supervivencia a largo plazo del guepardo mediante investigación y educación. Laurie y su equipo son el eje de la conservación de guepardos y, al igual que la Fundación Africat, colaboran estrechamente con los ganaderos, dando hogar a guepardos huérfanos atrapados en territorio ganadero.

El CCF fue el iniciador del uso de perros guardianes para ayudar a los granjeros a reducir las pérdidas de ganado debido a depredadores, y ha colocado más de 120 perros pastores de Anatolia entre los rancheros. Cuando es posible, se reubica a los guepardos adultos atrapados. El excelente Centro Educativo para Visitantes del CCF está abierto al público.

Para ver guepardos salvajes en Namibia, la mejor opción es visitar el Parque Nacional de Etosha (22 270 km²). Los manantiales naturales y las fuentes artificiales (como el manantial de Okaukuejo) esparcidos en el límite sur de la desolada cuenca de Etosha, en el corazón del parque, ofrecen el mejor punto de observación de animales, pues atraen a un gran número de animales, como ñus, cebras, antílopes, gacelas saltarinas y antílopes órix y eland. Aunque aquí se encuentra a los tres grandes felinos, no hay garantía de verlos.

Si los grandes felinos son la prioridad y tiene usted poco tiempo, entonces éste no es el lugar que usted espera; de otro modo, será inolvidable.

Parque Namib-Naukluft, Namibia
(49 754 km²)

Este enorme territorio silvestre se extiende desde Luderitz, al sur, hasta Swakopmund, en el norte. No es sitio para ver grandes felinos, pero como destino de safari es un mundo aparte: un vasto paisaje lunar con dunas imponentes que se transforman cuando llegan las lluvias estivales —si es que llegan— entre diciembre y febrero. Las extraordinarias plantas rastreras del género *Welwitschia* son endémicas del desierto de Namib y pueden vivir más de dos mil años. Entre los mejores alojamientos están Sossusvlei Mountain Lodge, en la adyacente Reserva Natural de Namib Rand, y el Wilderness Sossusvlei Camp, pues ofrecen una variedad de actividades que incluyen excursiones matutinas a las impresionantes dunas de Sossusvlei. Incluso hay un safari para contemplar las estrellas con un telescopio gigante en Mountain Lodge que no debe perderse.

Parque Nacional de Kruger, Sudáfrica
(19 480 km²)

Es el principal parque nacional de Sudáfrica, con más especies de mamíferos y aves que cualquier otro parque del país. Aquí pueden encontrarse los "cinco grandes" —leones, leopardos, búfalos, rinocerontes y elefantes—, así como guepardos y perros salvajes, y el área sur del parque ofrece la mayor variedad de paisajes y las mejores oportunidades de ver animales salvajes. La única gran limitante siempre ha sido que uno queda confinado a los caminos asfaltados. Sin embargo, las autoridades del parque recientemente se han mostrado dispuestas a ofrecer varias concesiones privadas, con las cuales los recorridos fuera de los caminos y las caminatas de safari desde los pequeños campamentos y alojamientos añadirán una nueva dimensión a realizar safaris en el Kruger. La mejor época para observar animales es durante el invierno (mayo a octubre), cuando los animales se concentran en las fuentes de agua. La estación de lluvias es de octubre a marzo.

Reserva de la Fauna de Sabi Sands, Sudáfrica (que incluye la Reserva de Londolozi y la de Mala Mala)
(650 km²)

Existen varias reservas de fauna privadas concentradas en el límite occidental del Kruger que ya no están separadas de él por bardas. Ofrecen excelentes oportunidades para los aficionados a los grandes felinos, y merecen ser visitadas especialmente si uno ama los leopardos. La más famosa es Londolozi (130 km²), que ha sido transformada por John y Dave Varty desde que se hicieron cargo del alojamiento a principios de los setenta y restauraron el área para que recuperara su esplendor original. También vale la pena visitar Mala Mala; en ambas reservas está prácticamente garantizado ver leopardos. Cuando visitamos Londolozi, vimos tres leopardos distintos en cinco ocasiones, así como tres espléndidos leones machos y muchos cachorros, rinocerontes blancos, elefantes y dos magníficos kudúes machos.

En todos los alojamientos se ofrecen recorridos nocturnos en vehículo, que es una buena manera de observar leopardos, si bien los guardas trabajan duro para rastrearlos durante el día también, pues la norma es hacer recorridos fuera de los caminos. No es raro ver guepardos y perros salvajes. Son muy recomendables los alojamientos de Ngala, Sabi Sabi, Singita e Idube.

Reserva de Recursos de Phinda, Sudáfrica
(180 km²)

Se introdujeron leones y guepardos en esta reserva privada de vida salvaje, y es sin duda un buen lugar para tomarles fotografías, en especial los guepardos están casi garantizados. Pero tener una vista clara de ellos suele depender de que se pueda conducir fuera de los caminos usuales, y ello está restringido después de la quema anual, así que primero hay que confirmar este dato. Aquí se encuentran los "cinco grandes", y a menudo se ven leopardos. La mejor época para verlos con claridad es el invierno (mayo a octubre), la estación seca. Para hospedarse se ofrecen cuatro hoteles de lujo y varias extensiones. Usted puede caminar en busca del rinoceronte negro en la colindante Reserva de la Fauna de Mkuzi, nadar entre los arrecifes de coral de la costa este o sobrevolar el Parque de Humedales de Greater St. Lucia.

Información adicional*

Sitios en internet

African National Parks
http://www.newafrica.com
  national-parks/
Africat (proyecto de Lise Hanssen)
http://www.africat.org/
Cheetah Conservation Fund (proyecto de
Laurie Marker)
http://www.cheetah.org/
Big Cats Online
http://dialspace.dial.pipex
  com/agarman/bco/ver4.htm
Big Cat Research
www.bigcats.com/
IUCN Cat Specialist Group
http://www.cats.org
The Lion Research Center (leones del Serengueti
y el cráter de Ngorongoro)
http://www.lionresearch.org
Friends of Conservation (organismo de
conservación que trabaja en el Mara)
http://www.foc-uk.com

Operadores turísticos

Abercrombie and Kent (África oriental y del sur)
http://www.abercrombiekent
  co.uk
Afro Ventures (África oriental y del sur)
http://www.afroventures.com
Conservation Corporation Africa
(África oriental y del sur)
http://www.ccafrica.com
East African Wildlife Safaris (Kenia)
Correo electrónico: eaws@kenyaweb.com
Gibb's Farm Safaris (Tanzania)
Correo electrónico:
ndutugibbs@nabari.co.tz
John Stevens Safaris
(safaris en canoa y a pie en Zimbabwe)
Correo electrónico:
bushlife@hare.iafrica.com
Okavango Tours and Safaris (Botswana)
http://www.okavango.com
Richard Bonham Safaris
(Tanzania, especialista en Selous)

Correo electrónico:
Bonham.Luke@swiftkenya.com
Robin Pope Safaris
(Zambia, especialista en el valle de Luangwa)
Correo electrónico:
popesaf@zamnet.zm
Wilderness Safaris
(especialistas en el sur de África)
Correo electrónico: outposts@usa.net
Governor's Camp
Kenia, campamentos del Masái Mara)
Correo electrónico:
info@governorscamp.com
Worldwide Journeys and Expeditions
(especialistas en safaris africanos)
www.worldwidejourneys.co.uk

* Desafortunadamente, las direcciones de
internet cambian con frecuencia, de modo
que puede suceder que las aquí consignadas
no sigan vigentes, pero son las referencias
sugeridas por los autores. (N. de E.)

Bibliografía

Habría sido imposible escribir este libro sin apoyarse intensamente en la obra de otros autores. En especial agradecemos a Luke Hunter, quien fue increíblemente generoso con su tiempo y nos ofreció información muy valiosa sobre los grandes felinos de África, así como muchos contactos con los investigadores de depredadores que trabajan en África del sur. Aquí en Nairobi, Judith Rudnai nos hizo accesible gentilmente su excelente biblioteca de libros y artículos. También agradecemos a Gus Mills del Parque de Kruger, Sudáfrica, por su acervo de conocimientos sobre los grandes depredadores africanos y por proporcionarnos copias de artículos científicos; a Lise Hanssen de la Fundación Africat (gracias, Lise, por enviarnos copias de los excelentes escritos sobre leopardos de Flip Stander) y a la familia Hanssen en Okonjima, Namibia, que nos ayudó mucho y acogió cordialmente. Del mismo modo, a Laurie Marker y a todos los del Fondo para la Conservación del Guepardo. Nuestros vecinos en Nairobi, Esmund Bradley-Martin y su esposa Chryssee, fueron una mina de información sobre temas relacionados con la conservación de la vida salvaje, y con generosidad nos permitieron el acceso a números atrasados de *Cat News*, boletín informativo de la Comisión para la Supervivencia de las Especies (de la IUCN), que recomendaría a todo apasionado por los felinos salvajes del mundo.

El libro *The African Leopard* de Ted Bailey es una lectura esencial para los entusiastas de los leopardos, y los relatos sobre su comportamiento escritos por Lex Hess (quien fue vigilante en Londolozi) y los de los cineastas Dale Hancock y Kim Wolhuter en Mala Mala arrojaron mucha luz sobre el tema. Somos muy conscientes de los peligros de interpretar el trabajo de otros, en especial cuando se intenta presentar "al gran público" información recogida de artículos científicos. En consecuencia, aunque estamos en deuda con los siguientes autores, no son responsables de las imprecisiones que pudiera haber en nuestras páginas, y nos disculpamos por las inevitables simplificaciones al interpretar sus obras.

Adamson, J., *Born Free: The Full Story*, Pan Books, Londres, 2000.

Ames, E., *A Glimpse of Eden*, Collins, Londres, 1968.

Bailey, T. N., *The African Leopard: Ecology and Behavior of a Solitary Felid*, Columbia University Press, Nueva York, 1993.

Bertram, B. C. R., *Pride of Lions*, J. M. Dent, Londres, 1978.

——, *Lions*, Colin Baxter Photography, Grantown-on-Spey, 1998.

Bothma, J. du P. y C. Walker, *Larger Carnivores of the African Savannas*, J. L. van Schaik Publishers, Pretoria, 1999.

Estes, R. D., *The Behavior Guide to African Mammals: Including Hoofed Mammals, Carnivores, Primates*, University of California Press, Oxford, Inglaterra, 1991.

Grzimek, B. y M. Grzimek, *Serengeti Shall Not Die*, Hamish Hamilton, Londres, 1960.

Hall-Martin, A. y P. Bosman, *Cats of Africa*, Swan Hill Press, impreso de Airlife Publishing, Shrewsbury, 1997.

Hancock, D., *A Time with Leopards*, Black Eagle Publishing, Ciudad del Cabo, 2000.

Hess, L., *The Leopards of Londolozi*, Struik, Winchester, impreso de Struik Publishers, Ciudad del Cabo, 1991.

Hunter, L. T. B., "The Quintessential Cat", *Africa Environment and Wildlife* 7 (2): 32-41, 1999.

——, "Fighting tooth and claw: the future of Africa's magnificent cats", *Africa Geographic* 9 (5): 46-56, 2001.

Jackman, B. J., "Cat-watching, Africa: lions, leopards and cheetahs: where to see them", *BBC Wildlife*, vol. 19, núm. 2, 2001.

——, *The Big Cat Diary*, BBC Books, Londres, 1996.

Jackman, B. J. y J. P. Scott, *The Marsh Lions*, Elm Tree Books, Londres, 1982.

Jackson, P. (ed.), *Cat News*, boletín informativo de la Comisión para la Supervivencia de las Especies (IUCN), núm. 36, primavera de 2002, y núm. 37, otoño de 2002.

Jordan, W., *Leopard*, Hodder Wayland, impreso de Hodder Children's Books, 2001.

Kingdon, J., *East African Mammals: An Atlas of Evolution in Africa*, vol. 3, parte A (Carnívoros), Academic Press, Londres, 1977.

Kumara, J., "Island Leopard (Sri Lanka)", *BBC Wildlife*, diciembre de 2001.

Macdonald, D., *The Velvet Claw: A Natural History of the Carnivores*, BBC Books, Londres, 1992.

Mellon, J., *African Hunter*, Cassell, Londres, 1975.

Mills, G. y M. Harvey, *African Predators*, Struik Publishers, Sudáfrica, 2001.

Moss, C., *Portraits in the Wild: Animal Behaviour in East Africa*, Elm Tree Books, Londres, 1989.

Myers, N., "The spotted cats and the fur trade", en R. L. Eaton (comp.), *The World's Cats*, vol. 1. Ecology and Conservation, pp. 276-326, World Wildlife Safari, Winston, Oregon, 1973.

——, "The leopard *Panthera pardus* in Africa", monografía de la IUCN, núm. 5, 1976.

Neff, N. A., *The Big Cats. The Paintings of Guy Coheleach*, Harry N. Abrams, Nueva York, 1982.

Nowell, K. y P. Jackson, *Wild Cats: Status Survey and Conservation Action Plan*, IUCN/SSC Cat Specialist Group, Gland, Suiza, s. f.

Pocock, R. I., "The leopards of Africa", *Proceedings of the Zoological. Society of London*, 1932.

Schaller, G. B., *The Serengeti Lion: A Study of Predator-prey Relations*, University of Chicago Press, Chicago, 1972.

——, *Serengeti: A Kingdom of Predators*, Collins, Londres, 1973.

Scott, J. P., *The Leopard's Tale*, Elm Tree Books, Londres, 1985.

——, *The Great Migration*, Elm Tree Books, Londres, 1988.

——, *Painted Wolves: Wild Dogs of the Serengeti-Mara*, Hamish Hamilton, Londres, 1991.

——, *Kingdom of Lions*, Kyle Cathie, Londres, 1992.

——, *Dawn to Dusk: A Safari Through Africa's Wild Places*, BBC Books en asociación con Kyle Cathie, Londres, 1996.

——, *Jonathan Scott's Safari Guide to East African Animals* (revisado y actualizado por Angela Scott), Kensta, Nairobi, 1997.

——, *Jonathan Scott's Safari Guide to East African Birds* (revisado y actualizado por Angela Scott), Kensta, Nairobi, 1997.

Scott, J. P. y A. Scott, "Death on the rocks (infanticide in leopards)", *BBC Wildlife*, vol. 16, núm. 4, abril de 1998.

——, *Mara-Serengeti: A Photographer's Paradise*, Fountain Press, Londres, 2000.

——, *Big Cat Diary: Lion*, HarperCollins, Londres, 2002. [Trad. al español: Virginia Aguirre, *Diario de grandes felinos: leones*, Fondo de Cultura Económica, México, 2006.]

Seidensticker, J. y S. Lumpkin (comps.), *Great Cats: Majestic Creatures of the Wild*, Merehurst, por acuerdo con Weldon Owen, Londres, 1991.

Shales, M., *African Safari*, Discovery Communications, 2000.

Spalton, A., "Chasing the leopard's tale (Arabian leopards)", *BBC Wildlife*, agosto de 2002.

Stander, P. E., "The ecology of asociality in Namibian leopards", *Journal of Zoology* (Londres) 242: 343-364, 1997.

——, "Field age determination of leopards by tooth wear", en *African Journal of Ecology* 35(2): 156-161, mayo de 1997.

Sunquist, M. y F. Sunquist, *Wild Cats of the World*, University of Chicago Press, Chicago y Londres, 2002.

Turnbull-Kemp, P., *The Leopard*, Howard Timmins, Ciudad del Cabo, 1967.

Turner, A. y M. Anton, *The Big Cats and Their Fossil Relatives: An Illustrated Guide to their Evolution and Natural History*, Columbia University Press, Nueva York, 1997.

Uphyrkina, O. *et al.*, "Phylogenetics, genome diversity and origin of modern leopards", *Molecular Ecology* 10: 2617-2633, 2001.

Agradecimientos

HEMOS RECIBIDO tanto apoyo generoso de tantos individuos y compañías que sólo nos es posible mencionar a unos cuantos de ellos.

Queremos agradecer a los gobiernos de Kenia y Tanzania por permitirnos vivir y trabajar en el Serengueti-Mara, y hacer un reconocimiento a la ayuda de Parques Nacionales de Tanzania, y a los ayuntamientos de Narok y Trans Mara, que administran la Reserva Nacional de la Fauna de Masái Mara. Durante años los jefes de guardas, John Naiguran, Simon Makallah, Michael Koikai, Stephen Minis y James Sindiyo, en el Mara, y David Babu y Bernard Maregesi, en el Serengueti, nos han ayudado mucho y contribuido en nuestros proyectos, al igual que Brian Heath y Johnny Baxendale de la empresa Mara Conservancy (en el Triángulo del Mara).

Gracias a todos los que participan en *Diario de grandes felinos* (DGF), tanto aquí en Kenia como en la Unidad de Historia Natural (UHN) en Bristol. Agradecemos al "comandante de operaciones", Keith Scholey, y a la productora de la serie, Fiona Pitcher, por apoyar la idea de esta serie de libros, y a Keith y su esposa Liz, y a Robin y Elin Hellier por recibirnos en sus hogares siempre que visitamos la UHN. El éxito de DGF es producto de un trabajo en equipo, y al igual que los demás, Mandy Knight, gerente de producción de las series 1 a 4, reúne en sí una combinación de profesionalismo y generosidad que hacen del trabajo en DGF un privilegio y un placer.

Rosamund Kidmund-Cox, editora de la revista *BBC Wildlife*, ha sido una buena amiga y respaldó con tesón nuestro trabajo por años, convenciéndonos de que aún había cabida para más libros sobre los grandes felinos africanos.

Myles Archibald de HarperCollins nos encomendó esta serie de tres títulos sobre los grandes felinos de África, que empezó con *Leones* (ahora estamos empeñados en el libro final, *Guepardos*). El entusiasmo de Myles en el proyecto nos ayudó a avanzar. Ha sido un placer trabajar con Helen Brocklehurst, nuestra editora en HarperCollins, siempre llena de optimismo y nuevas ideas; y Liz Brown, nuestra diseñadora, se las arregló para sumar su creatividad en un tiempo notablemente corto.

Caroline Taggart ha editado todos nuestros libros, menos uno, pero incluso alguien tan imperturbable como Caroline se dio cuenta de que tendría que recurrir a todos sus conocimientos editoriales —y a su misteriosa capacidad de hacer creer a sus autores que cualquier cosa es posible— si queríamos terminar *Leopardos* a tiempo. Gracias otra vez, Caroline.

Mike Shaw, quien por muchos años fue nuestro agente literario en Curtis Brown, siempre nos ofreció su mano y le deseamos un prolongado y dichoso retiro. Su ex asistente Jonathan Pegg consintió en volverse nuestro agente y nos ha apoyado maravillosamente, manejando nuestros asuntos con gran encanto y profesionalismo.

Nuestras fotografías de la vida silvestre son propiedad de tres acervos fotográficos: NHPA, ImageState y Getty Images. Tim Harris y su equipo de la NHPA nos permitieron generosamente hurgar en los archivos de leopardos para este libro habiéndoselos pedido con poca anticipación, lo mismo que Diana Leppard de ImageState y Helen Gilks de Nature Picture Library, que tiene los derechos de algunas fotografías de Angie.

Tanto Angie como yo tenemos familia en ultramar y han sido fuente inagotable de ayuda y aliento. Ahora que mi hermana Caroline se ha mudado de Inglaterra al soleado Portugal, mi hermano Clive y su esposa Judith han tenido a bien heredar las cajas de libros y diapositivas que solían estar en casa de Caroline en Inkpen. Joy, madre de Angie, aún vive en Inglaterra, aunque lamentablemente no ha gozado de plena salud a últimas fechas, y ahora su hermano David vive con su esposa Mishi en Francia. Su primo Richard Thornton, su esposa Gay y la hija de ambos, Bridget, con su marido Bill, gentilmente han encontrado espacio para más de nuestras posesiones con un corto aviso. A todos los extrañamos.

Pam Savage y Michael Skinner nos han tomado bajo su protección en los últimos años, al brindarnos consejos y apoyo cuando lo necesitamos, y al permitirnos estar cómodos en su hogar en Londres. Es difícil saber cómo agradecer a amigos así como merecen, aunque el haber dedicado este libro a Pam puede que se acerque al grado de gratitud que les tenemos por sus muchas gentilezas a lo largo de los años. Igualmente, Cissy y David Walker han sido muy generosos y buenos compañeros.

Frank y Dolcie Howitt a la fecha son nuestros mejores vecinos aquí en Nairobi, y amigos muy queridos.

Muchas otras personas nos ofrecieron un segundo hogar durante nuestras visitas a Inglaterra a lo largo de los años, en especial Pippa e Ian Stewart en Londres, Brian y Annabelle Jackman en Dorset, el doctor Michael y Sue Budden en Buckinghamshire, Ken y Lois Kuhle y Martin y Avril Freeth en Londres, y Charles y Lindsay Dewhurst en West Sussex, quienes fueron atentos y generosos con nuestro hijo David en sus días de escuela en Inglaterra. Son maravillosos anfitriones y amigos que aceptan nuestros ires y venires con una tolerancia admirable.

Compartimos momentos extraordinarios con nuestros buenos amigos Neil y Joyce Silverman en África, Antártida y en su hermoso hogar en Florida. A lo largo de los años nos han ayudado de muchas formas, y siempre contábamos con ellos cuando los necesitamos.

Carole Wyman ha sido una leal y generosa amiga de Angie desde que se conocieron en Kenia hace muchos años, y es la madrina de nuestro hijo David. Carol posee cualidades excepcionales, y lo único que lamentamos es verla tan poco a ella y a su marido Karma.

Jock Anderson de East African Wildlife Safaris es a la fecha uno de los grandes amigos de nuestra familia. Él me dio la oportunidad de vivir en el Mara River Camp hace 27 años, un regalo de tal magnitud quel nunca olvidaré por hacer esto posible. Stephen Masika, mensajero de la oficina de Jock, sigue a cargo de la correspondencia y la extensión de nuestros permisos con indefectible eficiencia.

Aris, Justin y Dominic Grammaticus mostraron su generosidad al permitirnos instalar nuestra base en Governor's Camp, y Pat y Patrick Beresford y su personal de Governor's Workshop se las arreglaron para que siguiéramos sobre ruedas, pese a los daños que infligimos a nuestra Toyota Landcruiser.

Por último, quisiéramos agradecer la valiosa ayuda de Shigeru Ito de Toyota East Africa; Allan Walmsley, que antes estuvo en Lonrho Motors East Africa; Canon Camera Division (Reino Unido); John Buckley y Anna Nzomo de Air Kenya; Mehmood y Shaun Quraishy del Spectrum Colour Lab (Nairobi); Pankaj Patel de Fuji Kenya; Jan Mohamed de Serena Hotels, y David Leung, especialista de Canon Camera en Goodmayes Road, Ilford (Reino Unido): todos ellos nos hicieron llevadera la vida en las espesuras con su constante apoyo.

En verdad, somos muy afortunados de poder tener como profesión lo que nos apasiona. Pero nuestro gozo palidece frente a la inspiración y amor que proviene de nuestros hijos Alia y David. Ojalá que sus vidas tengan tantas bendiciones como las nuestras.

Índice analítico

Los números de páginas en *cursivas* aluden a
ilustraciones.

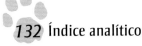

Diario de grandes felinos: leopardos
se terminó de imprimir y encuadernar
en el mes de septiembre de 2006
en los talleres de Impresora y Encuadernadora Progreso, S. A. de C. V. (IEPSA),
Calzada San Lorenzo 244, 09830, México, D. F.

Se tiraron 5 000 ejemplares

Tipografía y formación:
Héctor Zavala
con tipos Strayhorn MT Light de 10.5:14

Corrección:
Mario Enrique Figueroa,
Leticia García y Kenia Salgado

Cuidado de la edición:
Leticia García